Tynged yr Iaith

Cyhoeddwyd yn 2012 gan
Wasg Gomer, Llandysul, Ceredigion SA44 4JL

ISBN 978 1 84851 479 9

Hawlfraint y Rhagymadrodd © Ned Thomas 2012 ⓑ
Hawlfraint y Testun © Cymdeithas yr Iaith Gymraeg 2012 ⓑ
Hawlfraint y Cyfweliad © BBC Cymru 2012 ⓑ

Cedwir pob hawl. Ni chaniateir atgynhyrchu unrhyw ran o'r cyhoeddiad hwn, na'i gadw mewn cyfundrefn adferadwy, na'i drosglwyddo mewn unrhyw ddull na thrwy unrhyw gyfrwng, electronig, electrostatig, tâp magnetig, mecanyddol, ffotogopïo, recordio, nac fel arall, heb ganiatâd ymlaen llaw gan y cyhoeddwyr.

Dymuna'r cyhoeddwyr gydnabod cymorth Cyngor Llyfrau Cymru

Argraffwyd a rhwymwyd yng Nghymru
gan Wasg Gomer, Llandysul, Ceredigion

Dyluniwyd gan Olwen Fowler

Cyhoeddwyd y ddarlith *Tynged yr Iaith* yn
wreiddiol gan BBC Publications, Llundain:
Argraffiad cyntaf, 1962

Cyhoeddwyd pob argraffiad arall gan Gymdeithas yr Iaith Gymraeg:
Ail argraffiad, 1972
Trydydd argraffiad, 1985
Pedwerydd argraffiad, 1997

www.cymdeithas.org/hanes/
www.llgc.org.uk/ymgyrchu/Iaith/TyngedIaith

Dymuna Gwasg Gomer ddiolch yn fawr i
Gymdeithas yr Iaith Gymraeg am bob cymorth
a hynawsedd wrth gyhoeddi'r gyfrol hon

Diolch hefyd i'r BBC am ganiatáu defnyddio'r sgript o gyfweliad 1968
Saunders Lewis yn ogystal â llun Saunders Lewis ar gyfer darlith *Tynged yr Iaith*

Diolch i Ystad Saunders Lewis am bob hawl a chefnogaeth

Tynged yr Iaith
Saunders Lewis

gyda Rhagymadrodd gan

Ned Thomas

Gomer

Cynnwys

tudalen

Rhagymadrodd Ned Thomas **6**

Rhagair i'r Pedwerydd Argraffiad **29**

Rhagair i'r Trydydd Argraffiad **33**

Rhagair Saunders Lewis i'r Ail Argraffiad **35**

Tynged yr Iaith **41**

'Treiswyr sy'n ei chipio hi' **67**

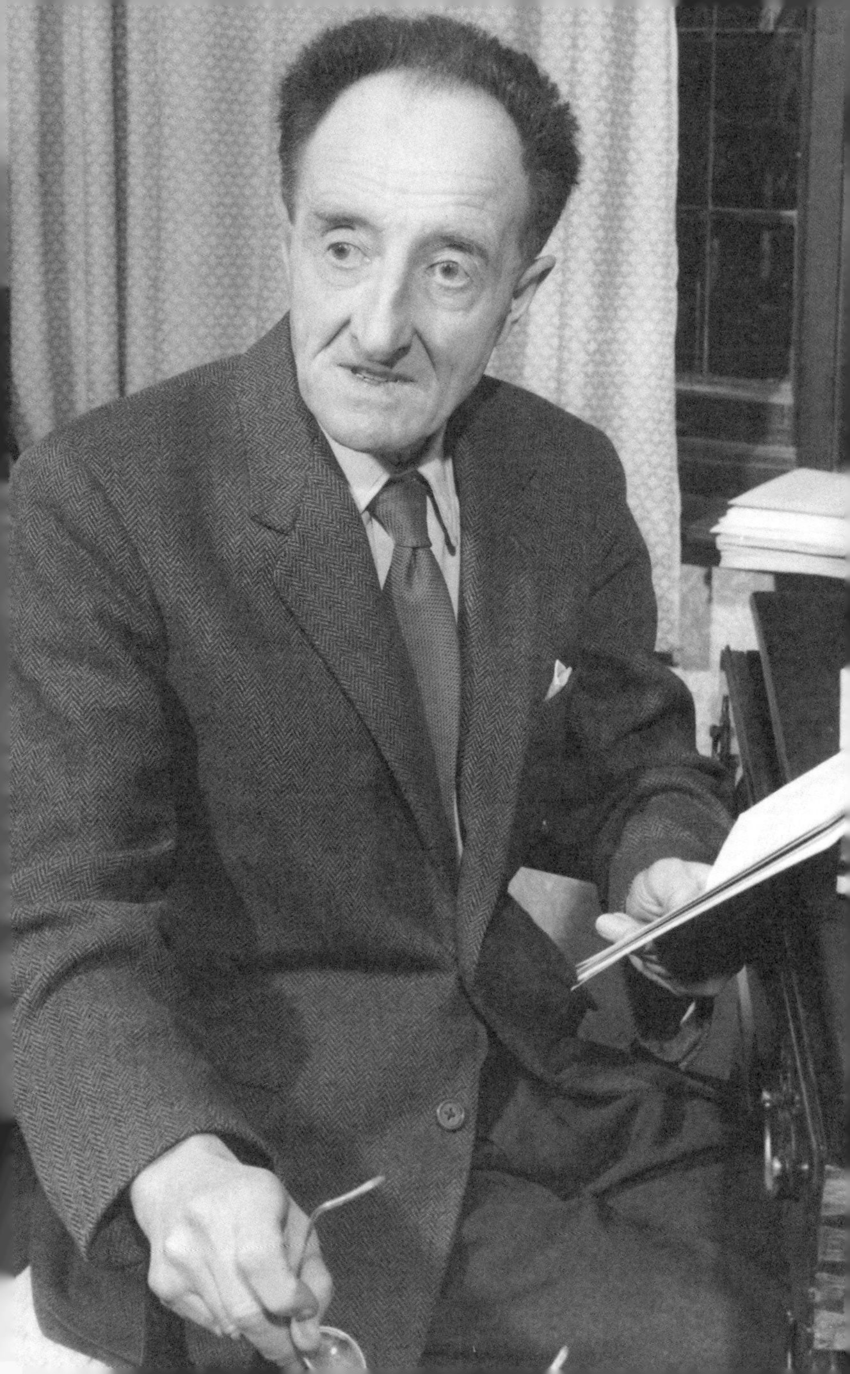

Rhagymadrodd
Ned Thomas

Darlith Gŵyl Ddewi oedd

Tynged yr Iaith . . .

. . . fe'i comisiynwyd gan y BBC a'i darlledu ar y radio hanner canrif yn ôl, ar 13 Chwefror 1962. Roedd Saunders Lewis wedi rhybuddio'r BBC mai neges wleidyddol fyddai ganddo, a dyna a gafwyd: 'nid marwnad i'r iaith, ond galwad i gad, i frwydrau politicaidd o'i phlaid' (*Barn*, Mawrth 1963). Deg mlynedd yn ddiweddarach, pan adargraffwyd y ddarlith gan Gymdeithas yr Iaith Gymraeg, ysgrifennodd ragair sydd i'w weld ar dudalen 35. Rhwng y ddau argraffiad cafodd ei holi'n drylwyr am y ddarlith gan Meirion Edwards o'r BBC, ac mae sgript y rhaglen deledu honno hefyd wedi ei chynnwys yn y gyfrol hon.

Yn y ddarlith wreiddiol mae'n galw am fudiad gwleidyddol i fynnu bod llywodraeth leol a llywodraeth ganol yn defnyddio'r Gymraeg 'yn yr ardaloedd y mae'r Gymraeg yn iaith lafar feunyddiol ynddynt'. Byddai angen i aelodau'r mudiad hwnnw roi blaenoriaeth i frwydr yr iaith dros amcanion eraill a bod yn fodlon mabwysiadu dulliau tor cyfraith a chwyldro.

Neges arbennig i Blaid Cymru oedd y ddarlith, ymgais i newid ei chyfeiriad a'i dulliau gweithredu. Eglurwyd hyn gan Saunders Lewis fwy nag unwaith yn dilyn y ddarlith, a dyna sut y deallwyd hi gan Gwynfor Evans a hoelion wyth Plaid Cymru a aeth ati ar frys i ateb dadleuon Saunders Lewis yn y wasg Gymraeg. Daliai Gwynfor mai 'prysuro'r diwedd a wnâi dulliau chwyldroadol fel polisi yn ein sefyllfa anchwyldroadol ni, o leiaf pe'u mabwysiedid gan Blaid Cymru'.

Roedd testun *Tynged yr Iaith*, fodd bynnag, yn fwy penagored na bwriad ei awdur gan nad oedd yn enwi Plaid Cymru. Mudiad newydd a chenhedlaeth newydd ddewr a deallus a dderbyniodd yr her a osodwyd gan Saunders Lewis. Sefydlwyd Cymdeithas yr Iaith Gymraeg adeg Ysgol Haf Plaid Cymru ym Mhontarddulais yn 1962. Erbyn Chwefror 1963 roedd y Gymdeithas yn barod i weithredu, ac am ei fod yn gwybod hynny, mae Gwynfor, ar ddiwedd y dyfyniad uchod, yn amodi'r ymwrthod â dulliau chwyldroadol. Ar un olwg byddai dyfodiad y Gymdeithas yn tynnu'r pwysau oddi ar Blaid Cymru ac yn caniatáu iddi ganolbwyntio ar waith etholiadol.

Ni ellid cael neb gwell i grynhoi'r cyd-destun na'r hanesydd John Davies yn ei gyfrol *Hanes Cymru*, gan mai ef oedd ysgrifennydd cyntaf Cymdeithas yr Iaith:

> Deilliodd y Gymdeithas o'r rhwystredigaeth a deimlai cenedlaetholwyr ifainc o ganlyniad i dwf araf ac ansicr

Plaid Cymru; y catalydd, fodd bynnag, oedd y ddarlith
radio a draddododd Saunders Lewis.

Roedd y cynllun i foddi Cwm Tryweryn hefyd yn rhan o'r
cyd-destun. Roedd yr ymgyrch gyfansoddiadol i rwystro Dinas
Lerpwl wedi methu, a'r gwaith ar y safle yn mynd rhagddo
pan draddodwyd y ddarlith radio. Mynegir digalondid,
euogrwydd a dicter yng ngeiriau Saunders Lewis, a anelir
unwaith eto at Blaid Cymru:

> Nid plentynnaidd, eithr anonest, oedd beio'r Gweinidog
> dros Gymru am na rwystrodd ef y mesur. Ein mater ni,
> ein cyfrifoldeb ni, ni'n unig, oedd Tryweryn.

Dim ond wedi'r ddarlith, ym mis Medi 1962 ac wedyn
ym mis Chwefror 1963, y cafwyd ymgais i rwystro cynllun
Tryweryn drwy ddifrodi eiddo, ac mae'n bosibl iawn i eiriau
Saunders Lewis gael dylanwad ar hynny. Pan oedd yn gweld
y tir moesol yn gadarn a dulliau cyfansoddiadol wedi methu,
yr oedd Saunders Lewis yn barod i amddiffyn trais gofalus.
Mae cyfweliad 1968 yn egluro ei union safbwynt.

Sylwer, fodd bynnag, mai safiad diwyro Mr a Mrs Trefor
Beasley o Langennech yn mynnu ffurflen dreth Gymraeg
gan Gyngor Dosbarth Gwledig Llanelli a ddyrchefir yn fodel
ganddo ar gyfer anufudd-dod sifil. Dyma'r llwybr a ddilynwyd
gan Gymdeithas yr Iaith o'r dechrau. Dyma John Davies eto:

Cynhaliwyd protest gynta'r Gymdeithas yn Aberystwyth ar 2 Chwefror 1963; y diwrnod hwnnw, mewn ymgais i orfodi'r awdurdodau i ddarparu gwysiau Cymraeg, placardiwyd adeiladau cyhoeddus y dref ac ataliwyd y traffig ar Bont Trefechan.

Os mai'r ddarlith radio oedd y catalydd i sefydlu Cymdeithas yr Iaith, ai gweithred y Beasleys oedd y catalydd i Saunders Lewis? Gellir cymharu, efallai, weithred Rosa Parks yn gwrthod ildio'i sedd i ddyn croenwyn ar fws yn Montgomery, Alabama, yn 1955, a arweiniodd at areithiau Martin Luther King a'r ymgyrchoedd dros hawliau sifil. Oherwydd bod darlith arbennig yn crisialu angerdd a dyhead cyfnod penodol mewn ffordd gofiadwy, mae perygl inni ei drafod ar wahân i'r gwead hanesyddol y mae'n rhan ohono. Nid creu symudiadau cymdeithasol o ddim a wna deallusion. Eu braint ambell waith yw rhoi llais iddynt.

'Mae'r iaith yn bwysicach na hunanlywodraeth': roedd y frawddeg hon yn y ddarlith yn ddadleuol ymhlith cenedlaetholwyr o'r cychwyn cyntaf, ac yn cael ei dehongli mewn mwy nag un ffordd. Roedd golygyddol *Barn* yn cytuno mai rhoi blaenoriaeth i frwydr yr iaith oedd ei angen, ond am reswm na fyddai awdur y frawddeg byth yn ei dderbyn: 'Ni welwn ni sydd yn fyw heddiw fyth hunanlywodraeth o fath yn y byd . . . Nid pesimistiaeth yw hyn ond realistiaeth.'

Dadl Saunders Lewis, i'r gwrthwyneb, oedd mai dim ond brwydr yr iaith allai danio'r ysbryd cenedlaethol i fynnu hunanlywodraeth, a dyna paham yr oedd rhaid rhoi blaenoriaeth iddi dros yr ymgyrchu seneddol. Dadlau'r gwrthwyneb yn union, fodd bynnag, a wnâi J. E. Jones, oedd newydd ymddeol fel Ysgrifennydd Cyffredinol Plaid Cymru. 'Fel y profodd hanes pob gwlad gaeth,' meddai mewn llythyr yn *Barn,* 'y mae hunanlywodraeth yn hanfodol er mwyn yr ewyllys a'r awdurdod i achub yr iaith genedlaethol.'

A dyna osod dau lwybr ar gyfer dau fudiad a fyddai mewn perthynas anesmwyth ond symbiotig â'i gilydd am ddegawdau. Roeddynt yn cystadlu am deyrngarwch unigolion oedd yn aml iawn ac ar adegau gwahanol yn eu hoes yn gweld apêl y naill feddylfryd a'r llall. Wedi oes o ddadlau dros y llwybr cyfansoddiadol, roedd bygythiad Gwynfor Evans i ymprydio hyd at farwolaeth dros sianel deledu Gymraeg yn awgrymu fod yr un ddeuoliaeth ynddo ef hefyd. O bersbectif ôl-ddatganoli efallai fod modd galw'r tyndra a fu rhwng y ddau feddylfryd mewn cyfnod cynharach yn dyndra creadigol.

◉◉◉

Aeth hanner canrif heibio, ac mae hynny'n amser maith mewn gwleidyddiaeth. Rhwng ein hamser ni a dyddiad y ddarlith daeth nifer o wledydd y Trydydd Byd yn rhydd o reolaeth yr ymerodraethau Ewropeaidd, a gwledydd yn nwyrain Ewrop

a chanolbarth Asia yn rhydd o reolaeth Rwsia. Ymunodd
y Deyrnas Gyfunol â'r Undeb Ewropeaidd ac yna cilio i'w
hymylon. Roedd gosodiad Sartre mai 'gweithred chwyldroadol
i'r Basgwr yw mynnu siarad ei iaith ei hun' yn agos iawn at
eiriau cynharach Saunders Lewis: 'Nid dim llai na chwyldroad
yw adfer yr iaith Gymraeg yng Nghymru.' Heddiw, mae nifer
o wladwriaethau yn Ewrop yn rhai ffederal neu ddatganoledig,
ac mae rhai hawliau ieithyddol wedi eu gwarantu'n rhyngwladol
i leiafrifoedd yn y gwledydd a lofnododd ac a gadarnhaodd
Siartr Ewrop ar gyfer Ieithoedd Rhanbarthol neu Leiafrifol.

Dinistriodd Thatcheriaeth y diwydiant glo a rhan helaeth
o ddiwydiant dur Cymru, ynghyd â'r patrymau cymunedol
oedd wedi tyfu o amgylch y diwydiannau trymion. Hunllef
y 1950au oedd gweld diboblogi'r ardaloedd Cymraeg yn
mynd rhagddo. O'r 1970au ymlaen, er bod Cymru'n dal
i golli ei phoblogaeth gynhenid, yr oedd ton ar ôl ton o
fewnfudwyr – y mewnlifiad – yn prysur newid cymeriad
ieithyddol yr ardaloedd Cymraeg.

Yma, fel yng ngwledydd y Gorllewin yn gyffredinol, gwelwyd
seciwlareiddio cynyddol, ac enillwyd hawliau sylweddol gan
ferched. Agorodd cwymp comiwnyddiaeth y ffordd i
oruchafiaeth ddilyffethair y farchnad rydd yn fyd-eang.
Gwelwyd cwmnïau yn symud gwaith i ddwyrain Ewrop
ac Asia, a llywodraeth ganol a lleol yn preifateiddio llawer

o wasanaethau cyhoeddus. Ar ddechrau'r ganrif newydd fe gafwyd cyfnod o lewyrch economaidd byrhoedlog ym Mhrydain a gydredodd yn fras â degawd cyntaf datganoli. Effeithiodd pob un o'r datblygiadau hyn ar Gymru a'i phobl, ac ar y Gymraeg hefyd. Rydym yn ailddarllen *Tynged yr Iaith* mewn byd gwahanol iawn i fyd 1962.

Yn 1997 pleidleisiodd Cymru o drwch blewyn dros ddatganoli ac yn gadarnach o lawer yn 2011 dros gryfhau pwerau'r Cynulliad. O ran y Gymraeg, pwy all wadu mai 'dulliau chwyldro' aelodau Cymdeithas yr Iaith Gymraeg oedd yn gyfrifol am rai o'r llwyddiannau pwysicaf yn y cyfnod cyn datganoli, o ddyddiau peintio arwyddion ffyrdd uniaith Saesneg hyd at sefydlu'r sianel deledu Gymraeg? Cofier, fodd bynnag, fod manteision pwysig eraill wedi eu sicrhau, a hynny trwy ddulliau eraill. Lledaenwyd rhwydwaith yr ysgolion Cymraeg drwy ymdrechion rhieni ac athrawon a rhai cynghorau sir a chyfarwyddwyr addysg blaengar. Daeth dysgu Cymraeg i oedolion yn ddiwydiant bychan yn ei hawl ei hun. Yr oedd cyfreithwyr o fewn y system yn ogystal â phrotestwyr tu allan iddi wedi hwyluso Cymreigio trefn y llysoedd. Hawliodd Saunders Lewis yn ei ddarlith na fyddai llywodraeth Llundain byth yn gorfodi'r Gymraeg fel pwnc ar ysgolion Cymru, ond dyna a ddigwyddodd yn amser Wyn Roberts yn y Swyddfa Gymreig. Doedd Saunders Lewis ddim yn disgwyl llawer gan gynghorwyr sirol Cymru ychwaith, ond pan aildrefnwyd llywodraeth leol yn 1973, cynghorwyr a phrif weithredwr y Gwynedd newydd a sefydlodd y Gymraeg gyntaf yn iaith trafod a gweinyddu o fewn llywodraeth leol.

Wedi datganoli gwelwyd cadarnhau a normaleiddio llawer o welliannau'r cyfnod cynharach, a hynny drwy Gymru gyfan ac yn arbennig yn y sector cyhoeddus. Er na lwyddodd Bwrdd yr Iaith Gymraeg i'w sefydlu ei hun fel corff oedd yn annibynnol ar lywodraeth y dydd ym Mae Caerdydd, yr oedd ganddo gyllideb sylweddol a wariwyd ar gynlluniau gwerthfawr oedd yn annog ac yn galluogi defnydd o'r iaith mewn meysydd tra amrywiol. Codwyd lefel y disgwyliadau wedi i Blaid Cymru ddod yn bartneriaid â'r Blaid Lafur ym Mae Caerdydd yn dilyn etholiad Mai 2007. Er gwaetha'r methiant i wireddu'r addewid i sefydlu papur newydd dyddiol Cymraeg, aeth cynllun y coleg ffederal Cymraeg yn ei flaen ac fe basiwyd mesur yn rhoi statws cyfreithiol swyddogol i'r iaith. Byddai'r naill ddatblygiad a'r llall wedi plesio Saunders Lewis.

Amhosibl yw tynnu un edefyn o wead cymhleth hanes yr hanner canrif ddiwethaf a chloriannu ei union ddylanwad. Heb ddylanwad cychwynnol Saunders Lewis ar Gymdeithas yr Iaith Gymraeg a'i pholisïau tor cyfraith, mae'n bosibl iawn na fyddai'r ymdrechion cyfansoddiadol dros yr iaith wedi llwyddo i'r un graddau ychwaith, gan iddo osod yr agenda, codi'r tymheredd gwleidyddol, ysbrydoli'r ifanc, pigo cydwybod y rhai mwy cyffyrddus, a gosod esiampl. Afraid dweud mai gweithred Penyberth oedd yn rhoi'r awdurdod moesol i awdur y ddarlith radio ofyn am aberth gan eraill.

◉◉◉

Pa bryd mae dogfen oedd yn finiog o gyfoes yn troi'n ddogfen o ddiddordeb hanesyddol yn unig? Mae'r argraffiad hwn yn gosod darlith Saunders Lewis ar silff y 'clasuron', ac mae hynny'n deyrnged ddigamsyniol. Mae'n awgrym o werth arhosol. Ond does dim byd yn dyddio mor gyflym â gwleidyddiaeth, a faint o ysgrifau gwleidyddol sydd o werth arhosol?

Pe bai'r Gymraeg wedi peidio â bod yn iaith fyw (fel yr ofnai Saunders Lewis allai ddigwydd erbyn dechrau'r ganrif bresennol), byddai'r ddarlith yn perthyn i ddiwylliant a ddiflannodd. Byddai'n glasurol yn yr un modd â thestunau yn yr ieithoedd clasurol. Mae meddwl am hynny yn un ffordd o ganolbwyntio'r meddwl ar yr elfennau arhosol.

Dychmygaf ryw fyfyrwraig ymroddgar yn y dyfodol wedi dysgu darllen 'Cymraeg diweddar' ac yn paratoi ar gyfer ei doethuriaeth Saesneg. Bydd wedi troi at *Tynged yr Iaith* gan obeithio cael rhyw oleuni pellach ar waith llenyddol yr awdur, a bydd wrthi'n ymgodymu â manylion llychlyd a dieithr gwleidyddiaeth echdoe. Pwy oedd yr Arglwydd Brecon y cyfeirir ato? Beth oedd Cyngor Dosbarth Gwledig Llanelli? Sut mae gwneud synnwyr o'r cyfeiriad at 'Brifysgol Cymru gyda'i chwe choleg'? Mwy diddorol fydd ystyried rhethreg y ddarlith. Tybed nad yw'n tynnu ar batrwm cyfarwydd y bregeth sydd yn ysgwyd y gynulleidfa uwchben uffern cyn cynnig achubiaeth. Rhwng y dechrau: 'Mi ragdybiaf hefyd y bydd terfyn ar y Gymraeg yn iaith fyw, ond parhau'r tueddiad presennol . . .' a'r diweddglo sydd yn cau'r drws yn derfynol: 'a byddai tranc yr iaith yn gynt nag y bydd ei thranc hi dan Lywodraeth Loegr' daw rhestr ddigalon a hirfaith o fethiannau hanesyddol nes cyrraedd y presennol pan gynigir y siawns olaf, a'r unig ateb: 'Ni all dim newid hynny ond penderfyniad, ewyllys, brwydro, aberth, ymdrech.'

A rhywle ar hyd y ffordd bydd hi'n synhwyro cymeriad a llais un o'r gorffennol sydd yn camu'n ôl ac yn gweld y byd a'n bywyd ynddo o bersbectif ehangach. Mae'r llais i'w glywed ar y dechrau yn y cymal 'a rhoi bod dynion ar gael yn Ynys Prydain' neu pan mae'r awdur yn cyffredinoli: 'A ydy'r sefyllfa yn anobeithiol? Ydy, wrth gwrs, os bodlonwn ni i anobeithio. Does dim yn y byd yn fwy cysurus nag anobeithio. Wedyn gall dyn fynd ymlaen i fwynhau byw' ac eto wrth iddo osod brwydr y presennol yn erbyn cefndir y canrifoedd: 'Y mae traddodiad politicaidd y canrifoedd, y mae holl dueddiadau economaidd y dwthwn hwn, yn erbyn parhad y Gymraeg.'

I ddweud pethau o'r fath, rhaid camu'n feddyliol y tu allan i oes yr unigolyn, ei ofnau, ei obaith a'i anobaith, a'r tu allan i lif hanes hefyd. Dyna a wna Saunders Lewis, ond ar yr un pryd mae'n mynegi ing y bywyd unigol ac argyfwng y gymdeithas hanesyddol, ac yn eu mynegi'n angerddol. Yr un yw'r llais a glywir yn y dramâu pan fydd cymeriadau'n dweud 'Rhodd enbyd yw bywyd i bawb' neu 'Mae hi'n fy ngharu i fel petai tragwyddoldeb yn bod'. Dysgeidiaeth Gristnogol Gatholig yw'r fframwaith syniadol, ond dyfnder y profiad a deimlir sydd yn esbonio apêl eang y geiriau. Daw'r dyfnder, yn fy marn i, o'i ddyddiau yn y ffosydd yn Ffrainc a'r lladdfa y bu'n dyst iddi. Wedi profiadau o'r fath, mae blas y byd yn finiocach a'r pellter oddi wrth y byd a'i bethau hefyd yn fwy.

Mae'r trydan sy'n rhedeg trwy eiriau Saunders Lewis yma ac acw yn *Tynged yr Iaith* yn annibynnol i raddau ar union ddadleuon y ddarlith ei hun, ac wedyn yn troi'n ddrych o ehangder a dyfnder ei bersonoliaeth. Byddai hynny'n dal yn wir, fel yr awgrymais, pe bai'r testun yn goroesi'r iaith Gymraeg fel iaith fyw.

◉◉◉

Ond rydym yn dal yma, a'r iaith 'yn iaith lafar ac yn iaith lên'. Enillwyd llawer o dir dros yr hanner canrif ddiwethaf, ond fe gollwyd tir hefyd. Os ydym yn credu yn y dyfodol, mae testun *Tynged yr Iaith* yn perthyn i ni nid fel clasur marw ond fel

testun sydd ar gael i ni yn y presennol: i ddethol ohono,
i'w ddehongli, i'w wrthod yn rhannol neu'n gyfan gwbl.
Mi fydd yn glasur byw os bydd yn ysgogi trafodaeth bellach
a gweithredu pellach. Y deyrnged orau i awdur y ddarlith
fydd inni fod mor onest ag y gallwn wrth ei thrafod.

Mae'n bosibl iawn fod Cymru heddiw wedi cyrraedd yn agos
at y lefel o hunanlywodraeth yr oedd Saunders Lewis yn ei
ddydd yn ei deisyfu. Sylwer, fodd bynnag, ar y cyfeiriad yn y
ddarlith at orsaf niwclear yr Wylfa ac at ddarlledu yn rhagair
1972. Llundain sydd yn dal i wneud y penderfyniadau pwysig
yn y meysydd hyn, fel y gwelsom yn ddiweddar. Ond er
pwysiced oedd ceisio amddiffyn cyllid y sianel deledu Gymraeg
rhag toriadau Llundain, eithriad ac adlais o hen ryfel oedd y
frwydr hon. Bellach mae dyfodol yr iaith Gymraeg yn bennaf
yn nwylo trigolion Cymru.

Fel canlyniad, nid yw'r rhannau helaeth o'r ddarlith sydd
yn olrhain gormes Lloegr ar yr iaith Gymraeg yn berthnasol
iawn i'w dyfodol. Roedd yn naratif rymus o fewn cyd-destun
cynharach, a diau y bydd rhaid adrodd yr un hanes wrth
fewnfudwyr newydd am flynyddoedd i ddod, ond faint
gwell ydym o ailadrodd anghyfiawnderau'r gorffennol wrth
ein gilydd pan mae'r gelyn wedi gadael y llwyfan? Gall hyd
yn oed brofi'n ymarfer negyddol, gan ei fod yn tynnu ein
llygaid oddi wrth wir broblemau heddiw. Digwyddodd hyn

yn rhai o fân wledydd y Caribî yn dilyn 'annibyniaeth' wrth i'r *élites* croenddu ddefnyddio'r hen rethreg am erchyllterau caethwasanaeth i ddal eu gafael ar y werin wrth werthu tir ac adnoddau'r ynysoedd i gwmnïau rhyngwladol.

Canlyniad arall datganoli yw ein gorfodi i ystyried ar ba sail, os o gwbl, y gellir bellach gyfiawnhau ymgyrchoedd tor cyfraith yn enw'r iaith. Bu cenedlaethau o genedlaetholwyr yn arddel yr egwyddor fod hawliau moesol nid yn unig gan unigolion ond gan genhedloedd yn ogystal, a bod Cymru yn genedl hanesyddol â hawl i'w llywodraethu ei hun a meithrin ei hiaith. I rai (ac nid i eraill) yr oedd modd cyfiawnhau 'dulliau chwyldro' yn enw amddiffyn y genedl a'i hiaith.

Ond heddiw? Nid yw'n debygol – yn y tymor byr o leiaf – y bydd siaradwyr Cymraeg yn colli'r hawliau sylfaenol a enillwyd mewn cyfnod cynharach, ond petai hynny'n digwydd, neu bod Llywodraeth Cymru yn methu ein hamddiffyn rhag bygythiadau newydd i'r iaith, yr unig dir moesol y gallem sefyll arno fyddai ein bod yn grŵp ieithyddol, a bod hawliau gennym yn sgil hynny. Er gwaetha'i holl wendidau, pwysigrwydd y Siartr Ieithoedd y cyfeiriwyd ati eisoes yw ei bod yn cydnabod siaradwyr Cymraeg yn grŵp ieithyddol ar lefel ryngwladol.

Diddorol hefyd fyddai ystyried sut orau y gall grŵp ieithyddol hunanymwybodol ei amddiffyn ei hun yn *gyfansoddiadol*. Mae hynny'n mynd â ni yn rhy bell oddi wrth y ddarlith radio, ond cystal nodi bod y pleidiau gwleidyddol sydd gennym heddiw, fel darlith Saunders Lewis, yn gynnyrch cyfnod a chyd-destun cyfansoddiadol gwahanol iawn.

A dyma ddod at y tri phwnc yn y ddarlith radio a rhagair 1972 sydd i mi yn dal i bigo'r gydwybod ac yn herio'r deall i gael atebion iddynt. Mae'n hawdd eu hanwybyddu gan eu bod ar wasgar yma ac acw fel rhagdybiaethau, fel cyfeiriadau achlysurol ac fel islais. Y cyntaf yw'r cyfeiriadau at yr ardaloedd Cymraeg; yr ail yw seicoleg a photensial poblogaeth ddi-Gymraeg de-ddwyrain Cymru. A'r trydydd yw Iwerddon. Yn y pen draw, mae'r tri phwnc yn cydblethu.

Adeg geni Saunders Lewis yn 1893 yr oedd pum deg pedwar y cant o boblogaeth Cymru yn medru'r Gymraeg. Yr oedd agos i hanner miliwn (tri deg y cant o boblogaeth Cymru) newydd eu cofrestru yn uniaith Gymraeg a'r rheiny yn byw yn bennaf mewn ardaloedd penodol. Dywed Saunders Lewis mai ei obaith rhwng y rhyfeloedd oedd troi'r Gymraeg yn brif iaith y genedl, iaith ei sefydliadau a'i diwydiant. Yn narlith radio 1962 cydnabu nad oedd hynny bellach yn bosibl. Ond yr oedd modd sôn am 'ardaloedd y mae'r Gymraeg yn iaith lafar feunyddiol ynddynt'. Yn yr ardaloedd hynny yn unig y mae Saunders Lewis yn galw am herio'r drefn weinyddol Saesneg. Cryfder achos y Beasleys iddo oedd eu bod yn hawlio papur treth Cymraeg mewn ardal yr oedd naw o bob deg o'i phoblogaeth yn Gymry Cymraeg. Beth ddywedwn ni am frawddeg olaf y ddarlith?

> Yn fy marn i, pe ceid unrhyw fath o hunanlywodraeth i Gymru cyn arddel ac arfer yr iaith Gymraeg yn iaith swyddogol yn holl weinyddiad yr awdurdodau lleol a gwladol yn y rhanbarthau Cymraeg o'n gwlad, ni cheid mohoni'n iaith swyddogol o gwbl, a byddai tranc yr iaith yn gynt nag y bydd ei thranc hi dan Lywodraeth Loegr.

Mae'r iaith yn iaith swyddogol bellach ac yn cael ei *harddel* drwy Gymru benbaladr. Amrywiol iawn yw'r patrwm pan ddaw hi i *arfer* yr iaith. Y Gymraeg yn yr *holl weinyddiad*? Bydd fy narllenwyr yn gwybod yn wahanol, a bydd fy narllenwyr ymhlith y rhai mwyaf hyderus a mwyaf parod i fynnu eu hawliau. Fe wyddom nad diffyg statws yw prif broblem yr ardaloedd Cymraeg ychwaith ond yn hytrach eu gwendid economaidd a'u diymadferthedd yn wyneb y grymoedd economaidd dilyffethair a ganiataodd fwy nag un mewnlifiad.

Er gwaetha hyn mae'n dal yn ystyrlon siarad am y Gymru Gymraeg, ond gwyddom mor dyllog yw'r map bellach, mor fregus ei chymeriad ieithyddol, mor ysgafn ei phwysau gwleidyddol hefyd, a chymaint y pellter rhwng y rhethreg genedlaethol am yr iaith Gymraeg a phrofiad beunyddiol y siaradwr cyffredin yn yr ardaloedd hyn sydd yn brofiad o golled gymunedol.

Mae angen darllen geiriau Saunders Lewis am yr ardaloedd Cymraeg yn ofalus. Nid yw am gyfyngu pob ymgyrch dros y Gymraeg i'r ardaloedd Cymraeg. Dadlau y mae yn hytrach fod sail foesol i weithredu'n gadarnach, gan gynnwys tor cyfraith, lle mae cymunedau Cymraeg yn bodoli. Mae hyn yn bwyslais democrataidd iawn – annisgwyl o ddemocrataidd fyddai rhai'n dweud.

Mae trigolion Cymru nad ydynt yn siarad Cymraeg yn ymylol i ddadl y ddarlith radio. Eto, mae'r rhagdybiaeth yno nad Saeson mohonynt, ac o bosibl fod brwydr yn digwydd am eu heneidiau. Pan fydd Saunders Lewis yn sôn am agweddau gwenwynig tuag at y Gymraeg a'r 'math o wyrdroad enaid a meddwl sy'n wynfyd o broblem i'r seiciatrydd', yr awgrym yw mai cyflwr penodol Gymreig yw hwn.

Erbyn rhagair 1972 mae Saunders Lewis yn rhoi mwy o sylw i'r angen am ddeffro Cymreictod y Cymry oedd wedi colli'r Gymraeg 'ers dwy a thair a phedair cenhedlaeth', ac mae'n credu bod Cymdeithas yr Iaith yn dechrau gwneud hynny. Mae'n well ganddo sôn am syniadaeth J. R. Jones nag am Phil Williams yn ennill deugain y cant o'r bleidlais dros Blaid Cymru yn isetholiad Caerffili yn 1968; ond tebyg fod hynny yng nghefn ei feddwl hefyd. Roedd y sylwebyddion yn gofyn ai deffroad cenedlaethol oedd ar droed yno ai pleidlais brotest. Bu mwy nag un wawr o'r fath a mwy nag un siom i Blaid Cymru dros y blynyddoedd. Yn fy marn i, mae gormod o ffactorau amrywiol yn dylanwadu ar etholiadau inni seilio casgliadau pellgyrhaeddol am y gymdeithas ar ganlyniadau unigol.

Mae twf addysg Gymraeg o bosibl yn well mesur o newid sylfaenol yn y gymdeithas. Felly hefyd y cynnydd yn nifer yr oedolion sydd yn dysgu'r iaith. Er bod canran y siaradwyr Cymraeg yn dal yn isel yn ardaloedd poblog de Cymru, mae'n cynyddu ac mae'n boblogaeth ifanc. Un o'r cymhellion wrth i rieni ddewis addysg Gymraeg yw ailafael mewn treftadaeth, ond mae llawer o gymhellion eraill. Yn wir, wrth i addysg Gymraeg ddod yn fwy cyffredin, lleiaf yr ymroddiad sydd ei angen wrth wneud y dewis hwnnw. Mae hynny'n hollol naturiol. Pan ychwanegwn effaith dysgu'r iaith fel pwnc yn yr ysgolion Saesneg, tebyg y gwelwn ddiwedd ar lawer o'r elyniaeth benodol Gymreig at yr iaith. Gydag amser bydd canran sylweddol o'r boblogaeth yn deall rhywfaint o Gymraeg a chanran lai yn *medru* siarad yr iaith.

Mae *arfer* yr iaith yn iaith feunyddiol yn fater arall, a dyna sy'n cadw iaith yn fyw. Pan nad yw'r Gymraeg yn iaith y teulu a'r gymdogaeth, ar ôl dyddiau ysgol a choleg bydd iaith y lle gwaith yn bwysig iawn. Mae'n llawer haws hyrwyddo addysg Gymraeg na newid iaith y swyddfa neu draddodiad y Gwasanaeth Sifil. Beth fydd polisïau ieithyddol y sector cyhoeddus yn fewnol ac o ran recriwtio? Nid sôn am gyflogi mwy o gyfieithwyr yr ydwyf!

Tynged yr Iaith

Mae adennill iaith yn dibynnu ar ddeinameg gyson a chynyddol. Er pwysiced adennill unigolion mae'n gofyn am fwy na hynny, mae'n gofyn am newid sefydliadau. Ydy'r amgylchiadau gwleidyddol a'r ewyllys wleidyddol yn bodoli yng Nghymru i greu'r ddeinameg honno? Oni welir bod mwy a mwy o gyfle i ddefnyddio'r Gymraeg mewn mwy a mwy o feysydd, mi fydd iaith a ddysgwyd yn yr ysgol yn aros i lawer yn iaith gefndir ac yn symbol cenedlaethol – yr hyn y clywais rhyw arbenigwr yn ei alw'n *flag language*. Mae dyfodiad y Cynulliad Cenedlaethol yn creu cyd-destun Cymreig lle gall unigolion deimlo'n gwbl hapus i fod yn Gymry heb ddangos llawer mwy nag ewyllys dda oddefol at y Gymraeg. Os yw llenyddiaeth yn ddrych o ddyheadau'r gymdeithas – dyna efallai mae llenyddiaeth Saesneg Cymru heddiw'n awgrymu sy'n digwydd – yn wahanol i waith awduron chwedegau a saithdegau'r ganrif ddiwethaf.

Hunaniaeth Gymreig heb y Gymraeg, neu'n hytrach â'r iaith yn y cefndir? Iwerddon Rydd yw'r gymhariaeth, wrth gwrs, ac yr oedd Saunders Lewis yn hyddysg yn ei hanes. Roedd yn ifanc adeg gwrthryfel 1916 ac wedi ymserchu yn y genedlaetholwraig Wyddelig y byddai'n ei phriodi – Margaret Gilchriest. Dirmyg, felly, sydd y tu ôl i eiriau'r ddarlith pan gyfeiria at safbwynt Plaid Cymru adeg Tryweryn: '"Nid Gwyddelod mohonom" medd cylchgrawn y bobl oedd piau'r amddiffyn.'

Ond beth am yr Wyddeleg? Mae'r ddarlith radio yn cyfeirio wrth basio at y newyn mawr a'r ymfudo yn arwain at dranc yr iaith. Ar ddiwedd Rhagair 1972, fel rhan o sylw awgrymog sydd yn cysylltu trafferthion Ulster â cholli'r Wyddeleg, mae Daniel O'Connell a'i gyd-weithwyr yn y bedwaredd ganrif ar bymtheg yn cael y bai am fodloni i'r Wyddeleg farw. Cenedlaetholwr ac arwr yr ymgyrch i ryddfreinio'r Pabyddion oedd O'Connell, siaradwr Gwyddeleg a anogodd ei gyd-wladwyr i fabwysiadu'r Saesneg.

Yn y cyfweliad teledu mae Saunders Lewis yn hawlio, serch hynny, fod De Valera wedi rhoi bri ar yr Wyddeleg yn y dyddiau cynnar, ac mae'n ymhyfrydu yn y ffaith fod gan yr Wyddeleg bellach statws swyddogol. Yn nes ymlaen yn yr un cyfweliad mae'n symud ei dir ac yn nodi bod gan y Gwyddelod bethau eraill, megis crefydd, oedd yn eu gwahaniaethu fel cenedl. Dim ond yr iaith Gymraeg sydd yn nodi arwahanrwydd y Cymry.

Mae ansicrwydd Saunders Lewis wrth gyffwrdd â'r mater hwn yn arwydd i mi o deimladau cymysg iawn. Pan esboniodd y frawddeg 'Mae'r iaith yn bwysicach na hunanlywodraeth' o fewn blwyddyn i draddodi'r ddarlith, yr oedd yn gweld brwydr yr iaith fel arf a allai o bosibl hefyd ddod â hunanlywodraeth yn ei sgil. Heddiw, a rhyw fath o hunanlywodraeth wedi cyrraedd Cymru, rwy'n credu bod ein clustiau wedi eu

Tynged yr Iaith | 25

tiwnio i glywed profiad Iwerddon yn dilyn hunanlywodraeth yn islais yn y frawddeg honno. Mae'n codi cwestiynau tu hwnt i statws ffurfiol yr iaith.

Mae'r Gymraeg ymhell o fod yn yr un cyflwr â'r Wyddeleg ond mae nifer o arwyddion y gallem symud i'r un cyfeiriad dros amser. Mae llawer o arbenigwyr yn ystyried ei bod hi ar ben ar iaith pan fydd y siaradwyr uniaith yn diflannu. Rydym wedi hen basio'r garreg filltir honno. Mae eraill, a finnau yn eu plith, yn gweld bod parhad iaith fyw yn gofyn am ryw diriogaeth lle mae'r iaith *chez soi* – yn ei chartref ei hun. Mae presenoldeb y lleiafrif yn y brifddinas a chanolfannau grym hefyd yn bwysig, ond alla i ddim meddwl am leiafrif bychan mewn cyd-destun dinesig nad yw yn y pen draw yn ddibynnol am ei barhad ar ryw *hinterland* ieithyddol neu famwlad bell. Y perygl yw y bydd y naill grŵp a'r llall yn marw ar wahân os na ddysgwn feddwl amdanom ein hunain a threfnu ein hunain fel un grŵp ieithyddol.

Ned Thomas
Aberystwyth
Chwefror 2012

Rhagair i'r Pedwerydd Argraffiad

Roedd darlledu'r

ddarlith hon yn Chwefror 1962

yn her newydd i'r Cymry

ond o ochr y darlithydd ei hun
doedd dim ynddi a oedd yn newydd.

O'r dauddegau cynnar ymlaen bu Saunders Lewis yn datgan ei gred ym mhwysigrwydd creiddiol y Gymraeg i fodolaeth bywyd gwâr yng Nghymru. Hyd at y diwedd un mynnodd fod yr 'iaith yn bwysicach na hunanlywodraeth'.

Gydol ei oes gyhoeddus, hefyd, dadleuodd bod anufudd-dod dinesig yn anorfod yn y frwydr genedlaethol yng Nghymru. Mwy na hynny rhoes y ddadl honno ar waith yn ei fywyd ei hun. Nid na chredai mewn gweithredu cyfansoddiadol. Dyna pam y gweithiodd mor galed ac yr aberthodd gymaint wrth

Tynged yr Iaith ❙ 29

gynorthwyo i sefydlu a datblygu Plaid Genedlaethol Cymru. Ond nid oedd ar unrhyw adeg am weld plaid wleidyddol gwir Gymreig yn cau'r drws ar y posibilrwydd o weithredu'n anghyfansoddiadol ddi-drais. Hyn sy'n esbonio ei edmygedd o Gandhi: 'un o'r dynion mwyaf a welodd ein canrif ni, onid yn wir y mwyaf oll'; ei edmygedd hefyd o Mrs Pankhurst a Trefor ac Eileen Beasley.

Nid heddychwr mo Saunders Lewis ond gwelai'n eglur, yng ngoleuni ei egwyddorion ei hun, nad oedd nac ymarferol na chyfiawn i frwydro'n arfog dros ryddid ei genedl. Yr un pryd credai'n bendant nad ymatebai Llywodraeth Prydain i hawl gyfiawn y Cymry i'w rheoli eu hunain heb iddi gael ei gorfodi gan amrywiol amgylchiadau i wneud hynny, yn y pen draw. Felly doedd dim osgoi ar ddulliau o anufudd-dod dinesig.

Y ffaith ei bod yn gwrthod â chydnabod hyn oedd wrth wraidd anfodlonrwydd Saunders Lewis ag ymddygiad Plaid Cymru. Mewn llythyr at D. J. Williams (15.1.62) dyma'i ddisgrifiad o'r ddarlith hon: ' . . . araith boliticaidd i Blaid Genedlaethol Cymru fydd hi dan y teitl *Tynged yr Iaith*'. A'r ffaith fod rhai o aelodau'r blaid honno ar y pryd yn agored i'w hargyhoeddi gan yr 'araith' a arweiniodd at sefydlu Cymdeithas yr Iaith Gymraeg.

Rhwng 1925 a 1939 ceisiodd Saunders Lewis ymddiswyddo droeon o fod yn Llywydd y Blaid Genedlaethol, hynny am resymau amrywiol a dieithriad anrhydeddus. Ar achlysur felly yn 1930, mewn llythyr at Lewis Valentine, mynnodd ei fod yn ei weld ei hun fel 'llenor o arweinydd na all wneud dim ond sgrifennu'. Nid yw'r ddarlith hon onid un enghraifft o'r sgrifennu arweinyddol a gaed ganddo: eithr y fath enghraifft ffrwydrol! Rhoes gyfeiriad newydd i'r ymgyrch genedlaethol a gwae ni os barnwn y gellir cau'r adwy ar y cyfeiriad hwnnw yn y cyfnod cyfansoddiadol-gysurus hwn o Ddeddf Iaith newydd a Senedd i Gymru bosibl.

Meredydd Evans
Mawrth 1997

Rhagair i'r Trydydd Argraffiad

Credem yng Nghymdeithas yr Iaith mai'r deyrnged orau a allem dalu er cof am Saunders Lewis oedd cyhoeddi argraffiad newydd o'i ddarlith Tynged yr Iaith, a ysbrydolodd sefydlu'r Gymdeithas, ac sydd wedi bod yn ysbrydoliaeth i'w haelodau byth er hynny.

Gobeithiwn y bydd yr argraffiad newydd hwn yn ysbrydoliaeth i genhedlaeth newydd o Gymry i weithio dros eu cenedl a'u hiaith, a gobeithiwn y bydd yn rhoi hwb i eraill ailafael yn y frwydr. Canys trwy wneud hynny yr adeiladwn yr unig gofeb addas i Saunders Lewis – Cymru Rydd Gymraeg.

R. Karl Davies
Hydref 1985

Rhagair
Saunders Lewis
i'r Ail Argraffiad

Traddodwyd y ddarlith radio
hon ddeng mlynedd yn ôl.
*Yn fuan wedyn sefydlwyd
Cymdeithas yr Iaith Gymraeg*
a dechreuodd efrydwyr ifainc Cymru frwydro
o ddifrif dros einioes y genedl, canys dyna ystyr
ymladd i gadw'r iaith. Hanes Cymdeithas yr
Iaith yw hanes cenedlaetholdeb Cymreig o 1962 hyd heddiw.
Yn hapus ryfeddol cafodd y mudiad ifanc newydd arweinydd a
phroffwyd i'w ysbrydoli a'i borthi yn y meddyliwr cymdeithasol
praffaf a godwyd yn ein Cymru Gymraeg ni y ganrif hon, sef
yr Athro J. R. Jones. Llyfrau a phamffledau J. R. Jones yw
clasuron ein cenedlaetholdeb ni heddiw. Ef a roes fawredd
i ymgyrch Cymdeithas yr Iaith yn erbyn gwarth arwisgiad

y tywysog Charles yng Nghaernarfon, seremoni, fe
wyddom heddiw, a wthiwyd er eu gwaethaf ar y teulu
brenhinol Seisnig gan Swyddfa Gymreig y Blaid Lafur er
mwyn lladd cenedlaetholdeb Cymru. Yr arwisgiad hwnnw,
yng nghanol bonllefau'r Cymry ac ymgreinio archesgobion
ac esgobion ac arweinwyr yr holl enwadau crefyddol Cymreig,
oedd yr awr dduaf yn y chwedegau. Bu dau Gymro ifanc yn
Abergele farw wrth geisio'i atal; aeth eraill i garchar a bu
erlid creulon na ddylid ei anghofio a charcharu hallt ar
union ddiwrnod yr arwisgo ar fechgyn rhamantus-ddiniwed
y Free Wales Army. Gellir dysgu o hyd am ddrwg a llygredd
yr arwisgiad yn angerdd ysgrifau J. R. Jones yn *Gwaedd yng
Nghymru*, ond y mae angen eto am astudiaeth hanesyddol
a dadansoddiad manwl o'r holl drais a'i effeithiau politicaidd
a chymdeithasol.

A oes modd troi'r Cymry heddiw yn genedlaetholwyr Cymreig?
Hynny yw, a oes modd eu hargyhoeddi mai Cymru yw eu
hunig wlad, eu cenedl, tir eu byw a'r gymuned neu'r gymdeithas
y mae eu ffyddlondeb yn briodol iddi cyn unrhyw gymdeithas
ddynol arall? Dyna fater llyfr J. R. Jones, *Prydeindod*; a'r llyfr
hwnnw a'i ddarlith ef, *A Raid i'r Iaith ein Gwahanu?* yw Dail
Sibul ein tynged ni a thynged ein hiaith.

Y mae rhai yn gweld gobaith yn llwyddiannau Plaid Cymru
mewn etholiadau seneddol megis eleni ym Merthyr Tudful.

Yr wyf innau'n cytuno fod yn iawn i'r blaid gynnig ymgeiswyr mewn etholiadau seneddol; ond ar amodau. Canys y mae hefyd wir berygl i hynny frysio lladd cenedlaetholdeb Cymreig. Lladd cenedlaetholdeb yw pregethu i etholwyr Cymru mai mantais economaidd iddynt hwy fyddai fod gan Gymru annibyniaeth neu mai felly'n unig y cânt hwy lywodraeth sosialaidd. Da iawn y dangosodd y cenedlaetholwr Seisnig, Mr Enoch Powell, yn *Barn* (Mawrth 1972) na eill y ddadl honno fyth adfer cenedl. Yn awr y prawf fe fydd yr etholwyr a bleidleisiodd drosom oblegid y ddadl honno yn cefnu arnom yn fradwrus fuan.

Rhaid wrth rywbeth llawer dyfnach i ddeffro Cymreictod politicaidd ymarferol yn y Cymry. Rhaid cyffroi ynddynt, hyd yn oed y Cymry yng Ngwent a Morgannwg a gollodd eu Cymraeg ers dwy a thair a phedair cenhedlaeth, yr ymwybod o'u gwahanrwydd, a defnyddio gair J. R. Jones, fel Cymry. Trwy ddeffro cydymdeimlad, cydymdeimlad sy'n cysgu yn nyfnder yr ymwybod, ond sy'n ei fradychu ei hun hyd yn oed yn acen eu Saesneg, yn unig y medrir. Yn fy marn i y mae Cymdeithas yr Iaith yn dechrau cychwyn hynny. Y mae'r tair merch sydd heddiw, a minnau'n sgrifennu, yng ngharchar Bryste wedi eu rhwystro rhag siarad yn eu mamiaith wrth eu mamau, yn pigo cydwybodau hyd yn oed aelodau seneddol Cymreig y Blaid Lafur. Y mae ymgyrch y Gymdeithas yn erbyn gorthrwm Seisnig y llysoedd cyfraith a holl gyndynrwydd y barnwyr a'r plismyn i gadw braint a rhagoriaeth iaith y Ddeddf Uno yn deffro anesmwythyd ar feinciau ynadon. Saif ymddiswyddiad Mrs Margaret Davies o fainc Abertawe yn gerydd a gofir i'r arglwydd ganghellor a fyn osod llythyren y gyfraith Saesneg yn uwch na chyfiawnder a chydwybod. A thrwy gydol y flwyddyn 1971 bu erthyglau blaen nerthol y misolyn *Barn* yn gefn mawr i'r frwydr hon gan Gymdeithas yr Iaith dros urddas dyn yng Nghymru.

Heddiw teledu yw pennaf lleiddiad y Gymraeg. Dyna pam y mae cael awdurdod teledu a darlledu annibynnol i Gymru yn fater byw neu farw i'r iaith. Y frwydr hon yw brwydr galetaf Cymdeithas yr Iaith. Costiodd eisoes yn ddrud i'w haelodau ifainc. Arwydd eu bod hwy'n ennill peth tir yw bod yr aelodau seneddol Cymreig yn rhoi diwrnod i drafod y mater yn Nhŷ'r Cyffredin a bod y Cyngor Darlledu Cymreig yn sefydlu pwyllgor i ystyried a ellid o gwbl drefnu awdurdod teledu Cymreig annibynnol. Nid oes fawr o obaith y daw dim o werth oddi wrth na'r Cyngor na Thŷ'r Cyffredin. Canys arf boliticaidd fwyaf nerthol y dydd hwn yw teledu. Y mae'r cyfresi dramâu Saesneg gyda'u brenhinoedd Tuduraidd rhamantus neu eu harwyr o blismyn neu eu cyfresi digrifwch yn gynheiliaid cadarnach i Brydeindod, i genedlaetholdeb Seisnig ac i gyfundrefn economaidd Lloegr na'r holl areithiau politicaidd a'r holl bapurau newydd. Bydd yn rhaid wrth chwyldro cyn y teifl y proletariat Cymreig ymaith yr hualau hyn.

Gofynnir imi'n weddol aml, a ydych chi heddiw yn fwy gobeithiol am barhad yr iaith nag yr oeddych ddeng mlynedd yn ôl? Y meddwl oddi tan y gofyn yw mai ofer brwydro heb obaith. Nid gwir mo hynny. Y mae bod nod yr ymdrech yn iawn yn fwy na digon o gyfiawnhad i'r ymdrech. Nid oes a wnelo hynny ddim â gobaith. Y mae'n iawn ymdrechu tra galler dros gynnal yr iaith Gymraeg yn iaith lafar ac yn iaith lên oblegid mai felly'n unig yn y darn daear hwn y gellir parchu'r ddynoliaeth a fagwyd arno ac y sydd eto'n ei arddel. Dirmygu dyn yw bodloni i iaith a fu'n etifeddiaeth i'n tadau ni fil a hanner o flynyddoedd farw. Gwae'r gymdeithas a ddirmygo ddyn. Fe fodlonodd Daniel O'Connell a'i gydweithwyr ganrif a hanner yn ôl i'r Wyddeleg farw. Ac y mae Ulster heddiw yn talu'r gost.

Saunders Lewis
Mehefin 1972

Tynged yr Iaith

Saunders Lewis

Rhaid imi gychwyn a gorffen sgrifennu'r ddarlith hon cyn cyhoeddi ystadegau'r cyfrifiad a fu y llynedd ar y Cymry Cymraeg yng Nghymru. *Mi ragdybiaf y bydd y ffigurau a gyhoeddir cyn hir yn sioc ac yn siom i'r rheini ohonom sy'n ystyried nad Cymru fydd Cymru heb Gymraeg.*

Mi ragdybiaf hefyd y bydd terfyn ar y Gymraeg yn iaith fyw, ond parhau'r tueddiad presennol, tua dechrau'r unfed ganrif ar hugain, a rhoi bod dynion ar gael yn Ynys Prydain y pryd hynny.

Dyna felly lwyddo o'r diwedd y polisi a osodwyd yn nod i Lywodraeth Loegr yng Nghymru yn y mesur a elwir yn Ddeddf Uno Cymru a Lloegr yn y flwyddyn 1536. Chwarae teg i'r Llywodraeth, trwy ryw bedair canrif o lywodraethu Cymru, er pob tro ar fyd, er pob newid ar ddull y Senedd a moddion llywodraeth, er pob chwyldro cymdeithasol, ni bu erioed anwadalu ar y polisi hwn o ddiddymu'r iaith Gymraeg yn iaith weinyddol mewn na swydd na llys nac unrhyw ysgrif gyfreithiol. Meddai cyfreithiwr mewn llys barn yn 1773:

> It has always been the policy of the legislature to introduce the English language into Wales.

Meddai Matthew Arnold, arolygydd ysgolion, yn ei adroddiad swyddogol yn 1852:

> It must always be the desire of a Government to render its dominions, as far as possible, homogeneous ... Sooner or later, the difference of language between Wales and England will probably be effaced ... an event which is socially and politically so desirable.

A hyd yn oed yn ail hanner yr ugeinfed ganrif, yn y flwyddyn 1952, yn Siarter y Gorfforaeth Ddarlledu Brydeinig, er yr holl newid a fu yn agwedd a meddwl arweinwyr addysg a diwylliant, fe ofalwyd peidio ag enwi'r iaith Gymraeg yn gynneddf anhepgor ar reolwr a chadeirydd i Gymru.

Nid wyf yn anghofio fod newid dirfawr wedi bod yn yr ysgolion. Heddiw y mae Adran Gymreig y Weinyddiaeth Addysg yn noddi'r Gymraeg a'i chymell ar yr ysgolion yn daerach na'r awdurdodau lleol Cymreig. Caf sôn yn nes ymlaen am arwyddocâd hynny. Eithr y tu allan i fyd y plentyn a'r ysgol erys y ffaith mai Saesneg yn unig sy'n angenrheidiol i bob swydd neu offis weinyddol yng Nghymru. Nid yw egwyddor y Ddeddf Uno wedi llaesu dim, er bod newid o bwys yn agwedd meddwl y Llywodraeth.

Sgrifennai Matthew Arnold bedair blynedd wedi cyhoeddi Llyfrau Gleision 1847. Cefnogi argymhellion y Llyfrau Gleision oedd ei fwriad ef, a rhoes bwyslais ar y ffaith mai polisi politicaidd oedd difodi'r Gymraeg. Trown gan hynny at y Cymry eu hunain, rhag bod brycheuyn yn llygad y Sais yn peri na welom y trawst yn llygad y Cymro. Os darllenwch chi'r rhan hanesyddol o'r Adroddiad ar *Y Gymraeg mewn Addysg a Bywyd,* 1927, fe welwch heddiw fod y darlun o'r unfed ganrif ar bymtheg yn camddehongli'n druenus ystyr llawer o achwynion y Dyneiddwyr Cymraeg am gyflwr yr iaith Gymraeg. Ond y mae'r dyfyniad o ragymadrodd enwog Morris Kyffin a gwynai am ŵr eglwysig o Gymro:

> A ddoedodd nad cymwys oedd adel printio math yn y byd ar lyfrau Cymraeg eithr ef a fynne i'r bobl ddysgu Saesoneg a cholli eu Cymraeg.

y mae hynny'n dystiolaeth deg i farn y mwyafrif mawr o'r gwŷr eglwysig a'r boneddigion Cymreig ar bolisi'r Tuduriaid. Dywedodd Wiliam Salesbury a'r Esgob Morgan yn debyg. Dywedodd Siôn Tudur hynny ar gywydd. Fe wyddom heddiw nad a ddywedid ar goedd ac ar brint oedd gwir farn amryw byd o ddeiliaid Elisabeth y Gyntaf. Gwladwriaeth y siri a'r ysbïwr a'r ceisbwl oedd hi, ac nid a gredai a ddywedai'r call. At hynny, rhaid dehongli geirfa'r Dyneiddwyr.

Mae'n iawn inni gydnabod dwy ffaith. Yn gyntaf, na fu wedi marw Elisabeth hyd at drothwy'r ugeinfed ganrif na chais na bwriad gan neb o bwys yng Nghymru i ddatod dim ar y cwlwm a unodd Gymru wrth Loegr na gwrthwynebiad o unrhyw gyfri i'r egwyddor o deyrnas gyfunol a diwahân. Ar ôl 1536 fe beidiodd y syniad o Gymru'n genedl, yn undod hanesyddol, â bod yn atgof na delfryd na ffaith. Yn ail, o ganlyniad ni bu chwaith unrhyw gais politicaidd hyd at yr ugeinfed ganrif i adfer statws yr iaith Gymraeg na chael ei chydnabod mewn unrhyw fodd yn iaith swyddogol na gweinyddol. Bodlonwyd drwy Gymru gyfan i'w darostyngiad llwyr.

Rhwng y ddwy ffaith hyn y mae cysylltiad clòs. Os un deyrnas gwbl unedig yw Lloegr a Chymru – *homogeneous* yw gair Matthew Arnold – yna mae bod iaith Gymraeg hanesyddol yn dramgwydd politicaidd, yn atgo am gyflwr gwahanol, yn berig' i'r undod. Dywedwyd yn union hynny yn y Ddeddf Uno, yn y Llyfrau Gleision, a throeon lawer. Ond ar ôl oes Elisabeth y Gyntaf ni ddywedwyd hynny cyn amled yn Gymraeg. Derbyn y naill egwyddor a wnaeth llenyddiaeth Gymraeg, derbyn y Deyrnas Gyfunol. Clasur mawr cyntaf y Deyrnas Gyfunol yn y Gymraeg yw'r *Bardd Cwsc*. Y frenhines Ann gyda Llyfr Statud Lloegr dan ei naill law a'r Beibl dan y llall yw arwr y clasur hwnnw. Dewch gyda mi i gyfnod llawer nes atom, pan oedd adfywiad cenedlaethol Cymru yn hawlio Datgysylltiad yr Eglwys Wladol yn etholiad cyffredinol 1880. Dyma a ddywedodd hen ewythr i mi, John Thomas, Lerpwl, mewn anerchiad yng Nghaernarfon:

> Un genedl fawr Brydeinig ydym, o dan yr un Llywodraeth, yn cael ein cynrychioli yn yr un senedd gyffredinol, ac y mae ein gwir nerth yn ein hunoliaeth ... ac y mae'n rhaid imi ddweud nad oes ynof ond ychydig o gydymdeimlad â'r cri a godir yn y dyddiau hyn am gael Plaid Gymreig yn y senedd.

Yn union yr un safbwynt â Matthew Arnold, ond bod Arnold yn fwy rhesymegol – yn Saesneg y llefarodd ef a mynnai dranc y Gymraeg.

Erbyn y ddeunawfed ganrif ceir digon o dystiolaeth i effeithiau'r Ddeddf Uno ar yr iaith. Dywedodd Thomas Sebastian Price o Lanfyllin mewn llythyr Lladin yn 1700 fod y Gymraeg erbyn hynny wedi peidio â'i harfer oddieithr gan y werin iselradd.

Yr oedd Ellis Wynne ar y pryd yn gorffen ei gyfieithiad o *Reol Buchedd Sanctaidd* Jeremy Taylor. Yn y drydedd bennod fe ddaw at drafodaeth ar ddyletswyddau 'y sawl a gâdd eu rhan o'r uchel-swyddau', ac ebr ef:

> Dyletswyddau Brenhinoedd a Barnwyr a Llywodraethwyr Gwledig ac Eglwysig, heb law eu bod yn faith ac yn ddyrus, maent hefyd yn ammherthnasol *sywaeth* i'r Iaith Gymraeg.

Byddaf yn bendithio Ellis Wynne am y *sywaeth* yna, er ei fod ef lawn mor anghyson â John Thomas. Fe gofiwch ei fod ef yn y *Bardd Cwsc* yn dangos y Gymraeg yn iaith llysgenhadon a llythyrau brenhinoedd. Ond, ysywaeth hefyd, Brenin Uffern ac Angau yw'r brenhinoedd: hwy'n unig bellach o lywodraethwyr piau'r Gymraeg.

Felly y bu i'r Ddeddf Uno gau'r Gymraeg allan o lysoedd llywodraethwyr a thai bonedd y deyrnas, allan o fyd arweinwyr cymdeithas lle y ceid trafod pob dysg a thechneg a chelfyddyd a gwyddor. Dangosodd Mr Alwyn Prosser fod Williams Pantycelyn yn cwyno'n debyg:

> O'r holl gelfyddydau ag y mae gwledydd eraill yn ei astudio, ac wedi dyfod i Berffeithrwydd mawr ynddynt, nid oes brin Lyfr yn Gymraeg ac sydd yn dangos pa beth yw un o'r Celfyddudau hyn ... Pa cyhyd y goddef y Cymru y fath anwybodaeth a hyn?

Ei oddef a wnaeth y Cymry. Cais arall i edfryd i'r Gymraeg ehangder diddordeb a diwylliant bonedd oedd *Gosodedigaethau Cymdeithas y Cymmrodorion*, 1755. Dywedodd Richard Morris amdanynt mewn llythyr at William Vaughan:

> Nyni y Cymmrodorion a ddatguddiwn i'r byd werthfawrogrwydd yr hen Iaith hon, mewn lliwiau mor brydferth, ag y bydd ei chyfri rhagllaw yn anrhydedd ei siarad ym mhlith Dysgedigion a Dyledogion y Deyrnas, ie, yn llys y Brenin, mal yr arferid gynt.

Ond ei siomi a'i chwerwi a gafodd Richard Morris yntau. Methodd gan y Cymmrodorion fagu dosbarth canol diwylliedig Cymraeg. A'r ddogfen bwysig nesaf ynghylch sefyllfa a dylanwad y Gymraeg yw adran fawr R. W. Lingen yn Llyfrau Gleision 1847. Brad y Llyfrau Gleision yw'r enw a roddwyd ar yr adroddiad hwn yng Nghymru. Deil Syr Reginald Coupland yn ei gyfrol *Welsh and Scottish Nationalism* mai Brad y Llyfrau Gleision a frathodd i fywyd genedlaetholdeb Cymreig. Coupland yn wir yw'r unig hanesydd sy wedi trafod yr adroddiad yn deg a chytbwys. Prin fod neb awdur o Gymro eto wedi cydnabod yr hyn sy'n wir, mai'r Llyfrau Gleision hyn yw'r ddogfen hanesyddol bwysicaf a feddwn yn y bedwaredd ganrif ar bymtheg a bod ynddi stôr o wybodaeth nas defnyddiwyd eto. Ni wnaf i'n awr ond dyfynnu tudalen sydd yn olyniaeth

Ellis Wynne a Richard Morris a Williams Pantycelyn, ond bod Lingen yn sgrifennu yng nghanol y chwyldro diwydiannol yn neau Cymru pan oedd cymoedd y glo a'r haearn yn gyrchfa i filoedd o dlodion amaethyddol ardaloedd gwledig Cymru:

> My district exhibits the phenomenon of a peculiar language – [ystyr *peculiar* yw priodol, iaith neilltuol i'r bobl hynny] – isolating the mass from the upper portion of society; and as a further phenomenon, it exhibits this mass engaged upon the most opposite occupations at points not very distant from each other; being, on the one side, rude and primitive agriculturists living poorly and thinly scattered; on the other, smelters and miners, wantoning in plenty, and congregated in the densest accumulations. An incessant tide of immigration sets in from the former extreme to the latter ... Externally it would be impossible to exhibit a greater contrast ... than by comparing the country between the rivers Towi and Teifi with Merthyr, Dowlais, Aberdare, Maesteg, Cwm Afon ... Yet the familes which are daily passing from the one scene to the other do not thereby change their relative position in society. A new field is opened to them, but not a wider. They are never masters ... It is still the same people. Whether in the country or among the furnaces, the Welsh element is never found at the top of the social scale ... Equally in his new as in his old home, the language

keeps him under the hatches, being one in which he can
neither acquire nor communicate the necessary information.
It is a language of old-fashioned agriculture, of theology,
and of simple rustic life, while all the world about him is
English ... He is left to live in an under-world of his own,
and the march of society goes ... completely over his head.

Cywirdeb a chrafftter Lingen sy'n ein taro ni heddiw.
Ychydig dros hanner canrif yn ddiweddarach aeth Mr
D. J. Williams *Yn Chwech ar Hugain Oed* i'r pyllau glo
yng Nghwm Rhondda. Nid oes dim yn y darlun a ddyry
ef o Ferndale ar gychwyn yr ugeinfed ganrif sy'n groes i'r
darlun cyffredinol a gafwyd gan Lingen yn 1847. Nid yw'r
amgylchiadau na'r cyflwr byw na'r dulliau byw wedi newid
fawr. Y mae disgrifiad Lingen o nos Sadwrn a nos Sul ym
Merthyr yn rhyfedd o debyg yn ei hanfodion i ddisgrifiad
D. J. Williams o'r nosau hynny yn Ferndale. Gwir fod D. J.
yn rhoi o helaethrwydd ei gydymdeimlad a'i hoffter o'r
natur ddynol ym mhob cyflwr, a Lingen yn dadansoddi'n
oer heb flewyn ar ei dafod. Dweud y gwir llym am a welodd
ac a glywodd a wnaeth Lingen a dangos tynged anesgor yr
iaith Gymraeg a'r gymdeithas a siaradai Gymraeg wedi tair
canrif o'u cadw gyda'r

>   diawl o dan yr hatsus
>   Yn sownd, co bach, dan glo.

Tynged yr Iaith | 49

Yn ddiweddar bu'r Athro Brinley Thomas yn dangos mai'r chwyldro diwydiannol a gadwodd yr iaith Gymraeg yn fyw yn ail hanner y ganrif ddiwethaf. Heb gymoedd glo a gweithiau'r deheudir troesai'r dylifiad pobl o Gymru wledig yn dranc i'r Gymraeg megis y bu'r newyn yn Iwerddon yn dranc i'r Wyddeleg. Erbyn 1911 yr oedd llawer rhagor na hanner poblogaeth Gymraeg Cymru yn ardaloedd y glo, 'wantoning in plenty' chwedl Lingen, a dyna sut y llwyddodd *Gwyddoniadur* Thomas Gee a'r cyhoeddi helaeth Cymraeg. Eisoes yn 1847 yr oedd Lingen wedi sylwi ar hyn a rhagweld ychwaneg. Nid oedd gan y Cymry, ebr ef, ddiddordeb mewn gwleidyddiaeth. Dywedodd un tyst wrtho fod y Cymry o'r bryniau a aeth i ymuno gyda Siartwyr Frost yn credu mai cyrchu Llundain oedd eu nod, ymladd yno un frwydr fawr ac ennill teyrnas. Dyna, mi dybiaf i, ddolen gyswllt â'r cywyddau brud a brwydr Bosworth a phropaganda beirdd Rhyfeloedd y Rhos a ddug Harri Tudur i Lundain. Ewch yn iach, Sieffre o Fynwy, clywsom atsain olaf eich Brut. Ar un wedd dyna ddatguddiad rhyfeddaf a mwyaf cyffrous y Llyfrau Gleision. Ond am wleidyddiaeth gyfoes dywedodd Lingen mai Saeson o Loegr a ddygai bob cyffro gwleidyddol i'r meysydd glo Cymreig, a dyna ragweld y Seisnigo ar y mudiad Llafur a oedd i ddwyn Keir Hardie o Glasgow i fod yn arweinydd y Cymry. Ni chyfrannodd yr ardaloedd diwydiannol ddim newydd chwaith i'r bywyd cymdeithasol Cymreig nac i lenyddiaeth yr eisteddfodau. Trefnasant eu bywyd yn y cymoedd poblog ar lun a delw y bywyd gwledig a'r capel yn ganolfan iddo. Yr oedd Anghydffurfiaeth Gymraeg yn clymu'n undod wlad a thref. A'r un pryd yn eu cadw yn eu hunfan.

Os adwaith yn erbyn y Llyfrau Gleision a roes gychwyn i genedlaetholdeb Cymreig yn ail hanner y ganrif, rhaid cyfaddef hefyd mai'r Llyfrau Gleision a orfu. Er cymaint y digofaint a'r cynddaredd a gyffroisant, er cymaint y protestio pybyr oblegid eu darlun du o Anghydffurfiaeth Cymru, yn rhyfedd iawn fe fabwysiadodd Cymru gyfan, Anghydffurfiaeth Cymru'n arbennig, holl bolisi a phrif argymhellion yr adroddiad enbyd. Rhoes arweinwyr y genedl, yn lleygwyr ac yn weinidogion, eu hegni gorau glas i sefydlu cyfundrefn addysg Saesneg drwyadl ym mhob rhan o Gymru o'r ysgol elfennol hyd at golegau normal a thri choleg prifathrofaol, a Siarter Prifysgol i goroni'r cwbl. Casglwyd arian y gweithiwr o Gymro at y colegau prifysgol. 'Rhoes ei geiniog brin at godi'r coleg' er mwyn i'w fab ei hunan beidio â medru nac iaith ei dad nac ystorïau'i dadau na gwybod dim am 'adlais cerddi ei ieuenctid pell'. Mynych y dywedwyd mai'r gwahaniaeth rhwng colegau Prifysgol Cymru a phrifysgolion dinasoedd masnachol a diwydiannol Lloegr yw mai meistri masnach a diwydiant a greodd y sefydliadau Seisnig ond ceiniogau'r werin a godödd golegau Cymru. Diau fod gwir yn hynny; nid yw ond yn chwerwi'r trasiedi. Canys trasiedi eironig a chwerw yw

Prifysgol Cymru, ffrwyth pennaf deffroad cenedlaethol y werin Gymreig a Chymraeg. Edrychwch ar Brifysgol Jerwsalem heddiw a'r Hebraeg a oedd yn iaith farw hir oesoedd cyn Crist yn gyfrwng ei holl hyfforddiant yn y gwyddorau mwyaf cyfrwys a modern. Ystyriwch brifysgolion y Swistir, a Ghent a Louvain yng ngwlad Belg. Yna edrychwch ar Brifysgol Cymru gyda'i chwe choleg mwyach. Beth a ddywedwn ni am y Cymro Cymraeg yn y pedwar coleg cyflawn? Beth a ddywedwn ni am yr adrannau Cymraeg eu hunain, er holl gais Bwrdd y Gwybodau Celtaidd i greu geirfaoedd i'r technegau? Ni ellir mewn gwaed oer ond dweud a ddywedodd Lingen yn y Llyfrau Gleision:

> Equally in his new as in his old home his language keeps him under the hatches ... His superiors are content simply to ignore his existence. He is left to live in an under-world of his own, and the march of society goes completely over his head.

Dyna'r gwir heddiw am y Gymraeg ym Mhrifysgol Cymru; a Chymru Gymraeg a'i creodd hi, ei chynnal hi, dotio ar ei graddau anrhydeddus hi, a bodloni mai gradd diraddiad y Gymraeg yw diploma ei hanrhydedd hi. Y mae Prifysgol Cymru yn fwy cyfrifol nag unrhyw sefydliad arall fod yn amhosibl heddiw i lenyddiaeth Gymraeg fod yn ddarlun cyflawn o fywyd gwareiddiad. Polisi Prifysgol Cymru yw polisi Deddf Uno 1536 a pholisi Matthew Arnold a'r Llyfrau Gleision; ac y mae Cymru Gymraeg yn bodloni.

Trown at weddau politicaidd y deffroad Cymreig yn y ganrif ddiwethaf ac fe welwn yn union yr un diystyru ar y Gymraeg. Er bod yr iaith yn destun gwawd ac ymosod barnwyr ac esgobion a gweision sifil, ni chododd neb i fynnu ei hawliau iddi yn y Senedd nac ar lwyfan. Bu gwrthgymreigrwydd esgobion a phersoniaid yr Eglwys Wladol a'u gelyniaeth i'r Gymraeg yn rhan fawr o'r ddadl o blaid Datgysylltiad, yn rhan hefyd o ddadl y Degwm. Ond testun dychan Emrys ap Iwan oedd Cymru Fydd yn 1891:

> Mi a ddylwn ddweud wrthochi fod llawer hyd yn oed o Ddic-Siôn-Dafyddion cyn y flwyddyn 1890 wedi ymuno â chymdeithasau hanner Cymreig o fath *Kumree Fidd* . . . Yr oeddenw, er mwyn ennill cyhoeddusrwydd, ac er mwyn marchogaeth ar y teimlad Cymreig i bwyllgorau, i gynghorau, ac i'r Senedd, yn ymostwng i ddibennu pob araith trwy ddywedyd mewn Cymraeg go ddyalladwy 'Oes y byd i'r iaith Gymraeg'. Ond dyna'r cwbl.

Efallai mai oherwydd hyn y rhoes Cymdeithasau Cymru Fydd ar eu rhaglen yn 1894 'Penodi swyddogion cyhoeddus a fedrai Gymraeg'. Dwy flynedd wedyn yng nghynhadledd Cymru Fydd cafwyd datganiad gan lywydd Cymdeithas Ryddfrydol Caerdydd, Sais a gŵr busnes o'r enw Bird. Troes Mr T. I. Ellis ei eiriau ef i Gymraeg: 'Y mae drwy Ddeheubarth Cymru filoedd ar filoedd o Saeson . . . poblogaeth gosmopolitan na fydd iddi ymostwng i dra-arglwyddiaeth syniadau Cymreig.' Ar y gair syrthiodd Cymru Fydd i lewyg yn y fan a'r lle; yn fuan wedyn, heb ddadebru a heb stŵr, ymadawodd.

A oes o gwbl draddodiad o amddiffyn politicaidd i'r iaith Gymraeg? Nid gofyn yr wyf a oes traddodiad o frolio'r iaith mewn areithiau politicaidd neu gan wleidyddion ar lwyfan eisteddfod. Yn hytrach gweld yr iaith fel y mae Llywodraeth Loegr wedi ei gweld hi erioed, yn fater politicaidd, ac o'i gweld hi felly ei chodi hi'n faner i frwydr?

Daliai'r diweddar John Arthur Price fod peth o'r ysbryd hwnnw yn yr achos cyfreithiol a ddug wardeiniaid Trefdraeth ym Môn yn 1773 yn erbyn penodi Sais uniaith yn berson y plwy. Ond yn llythyrau a cherddi a thraethodau Evan Evans, Ieuan Brydydd Hir, y ceir propaganda pendant yn erbyn y polisi o droi'r eglwysi plwy yn foddion i ddifodi'r Gymraeg. Ofnodd ei gyfeillion amdano ac ebr yntau:

> Diau mai rhy flaenllym yw'r traethawd yn erbyn yr *Esgyb Eingl*; a bychan fyddai ganddynt fy nhorri yn ddeuddarn . . . Mi a fynnwn yn ddiau fod rhywbeth o'r fath yna wedi ei argraffu . . . Y mae un Richardson wedi cyhoeddi llyfr o blaid y Gwyddelod, ag sydd yn cael yr un cam â ninnau . . . Y mae gennyf i ryw bapuryn . . . wedi ei ysgrifennu yn

Lladin . . . Llythyr y Parchedig Dad Ioan Elphin, Cennad
Apostolaidd Cymdeithas yr Iesu at y Cymry Pabaidd . . . ym
mha un y mae yn mynegi yn helaeth yng nghylch Helynt
Crefydd yn y wlad honno . . . Y mae hwn yn finiog gethin.

Yn y ganrif wedyn cafwyd arweiniad Michael Jones a'r
arbraw arwrol ar Wladfa Gymreig ym Mhatagonia:

Bydd yno gapel ac ysgol a senedd-dŷ a'r heniaith
yn gyfrwng addoli a masnachu, dysgu a llywodraethu.
Tyf yno genedl gref mewn cartref Cymreig.

Geiriau chwyldroadol, rhaglen chwyldroadol. Hyd at heddiw
mae'n diffyg ni o ymwybyddiaeth cenedl, ein hamddifadrwydd
ni o falchder cenedl, yn rhwystro inni amgyffred arwyddocâd
ac arwriaeth yr antur ym Mhatagonia. Yn llinach Michael
Jones y mae gosod Emrys ap Iwan. Megis yr ymosododd
Evan Evans ar yr Esgyb Eingl yr ymosododd Emrys ar
achosion Seisnig ei enwad a mynd rhagddo i ddadlau mai'r
iaith Gymraeg oedd prif fater politicaidd Cymru a chraidd
ei bod, mai eilbeth oedd pob problem boliticaidd wrth hon.
Felly y cafwyd ganddo'r pamffled enwog *Breuddwyd Pabydd
wrth ei Ewyllys*, a thybed nad iawn awgrymu mai'r Tad Ioan
Elphin o Gymdeithas yr Iesu yn nychan Ieuan Brydydd Hir
a roes i Emrys ap Iwan yntau y syniad am y Tad Morgan o
Gymdeithas yr Iesu sy'n rhoi hanes atgyfodiad Cymru
Gymraeg yn *Breuddwyd Pabydd*.

Nid yw Coupland yn sôn am Ieuan Brydydd Hir ond fel un o feirdd cwmni'r Morrisiaid. 'A somewhat eccentric Independent minister' yw Michael Jones ganddo, ac nid oes air am Emrys ap Iwan. Dyna ddangos yn deg mor ddieffaith, mor ddirym, mor ddibwys ym mywyd politicaidd Cymru ac yn natblygiad ei meddwl hi ar faterion cymdeithasol fu traddodiad amddiffyn yr iaith Gymraeg. Pobl od, 'somewhat eccentric', yn dilyn llwybr cul, culni cenedlaetholdeb a chulni iaith, yn lle'r ffordd lydan sy'n arwain i Westminster. Traddodiad o ddioddef dirmyg ac erlid yw traddodiad amddiffyn politicaidd i'r iaith Gymraeg. Yng Nghymru gellir maddau popeth ond bod o ddifri ynglŷn â'r iaith. Dyna brofiad Ieuan Brydydd Hir, Michael Jones, ac Emrys ap Iwan. Yr unig beth sy'n ddolen gyswllt rhyngddyn hwy a mwyafrif enfawr eu cyd-genedl yw'r anthem genedlaethol fwyaf celwyddog yn Ewrop.

Trown felly at y sefyllfa bresennol, argyfwng yr iaith yn ail hanner yr ugeinfed ganrif. Mae hi'n sefyllfa wan. Bu amser, yng nghyfnod deffroad y werin rhwng 1860 a 1890, y buasai'n ymarferol sefydlu'r Gymraeg yn iaith addysg a'r Brifysgol, yn iaith y cynghorau sir newydd, yn iaith diwydiant. Ni ddaeth y cyfryw beth i feddwl y Cymry. Mi gredais i nad oedd y peth yn amhosibl, gydag amser ac o ddilyn polisi cyson am genhedlaeth neu ddwy, rhwng y ddau rhyfel byd. Heddiw nid yw hynny'n bosibl. Bu cyfnewidiadau cymdeithasol aruthrol yng Nghymru yn y chwarter canrif diwethaf. Iaith ar encil yw'r Gymraeg yng Nghymru mwyach, iaith lleiafrif a lleiafrif sydd eto'n lleihau.

Ystyriwn eto agwedd Llywodraeth Whitehall tuag at y Gymraeg heddiw ac wedyn agwedd pobl yng Nghymru. Y mae agwedd y Llywodraeth wedi newid rhagor nag unrhyw newid a fu yng Nghymru. Bid siŵr y mae ymyrraeth Llywodraeth â bywyd cymdeithasol yn y Wladwriaeth Les yn cyrraedd ymhellach nag a ddychmygwyd yn y ganrif ddiwethaf. Nid addysg o bob math a gradd sy dan ofal y Llywodraeth bellach ond llawer math o adloniant oriau hamdden, clybiau a gwersylloedd ienctid, addysg oedolion, theatrau, celfyddyd, darlledu a theledu, sy'n cyrraedd bron i bob aelwyd yn y deyrnas. Y mae diwylliant pob bro a rhanbarth yn wrthrych rhyw gymaint o nodded. Mae'r Cyngor Celfyddydau yn cydnabod – er nad yn hael gydnabod – hawliau diwylliant Cymraeg.

Y canlyniad yw fod y Llywodraeth wedi newid ei safbwynt i raddau helaeth. Nid honiad Matthew Arnold yw credo Whitehall heddiw. Nid ystyrir y Gymraeg mwyach yn dramgwydd politicaidd. Ped ysgrifennid llythyr Cymraeg a'i anfon i unrhyw swyddfa awdurdod lleol Cymreig y mae'n fwy na thebyg mai yn Saesneg y deuai'r ateb. Pes anfonid i unrhyw swyddfa yn Whitehall neu yn Cathays Park, y mae'n fwy na phosib mai yn Gymraeg y deuai'r ateb. Gellir cynnig y Gymraeg ar gyfer arholiad y Gwasanaeth Sifil. Yn yr ysgolion

Tynged yr Iaith | 57

y Weinyddiaeth Addysg bellach sy'n cymell y Cymry i dyfu'n genedl ddwyieithog, gan ennill y gorau o'r ddau fyd, byd y dec uchaf Seisnig a byd, nid dan yr hatsus yn llwyr, ond ar fwrdd yr ail ddosbarth Cymreig. Y mae'r rhan fwyaf o lawer o arweinwyr addysg Cymru, llenorion Cymraeg yn eu plith, yn gweld hyn yn ddelfryd mawrfrydig a theilwng. Yr wyf innau'n un o'r lleiafrif hurt sy'n gweld ynddo farwolaeth barchus ac esmwyth ac angladd ddialar i'r Gymraeg.

Gellir tynnu un wers o bwys oddi wrth agwedd y Llywodraeth. Pe hawliai Cymru o ddifri gael y Gymraeg yn iaith swyddogol gydradd â'r Saesneg nid o du'r Llywodraeth nac oddi wrth y Gwasanaeth Sifil y deuai'r gwrthwynebiad. Yn naturiol fe fyddai peth rhegi ysgafn gan glercod yn chwilio am eiriadur a chan ferched teipio yn dysgu sbelio, ond y mae'r Gwasanaeth Sifil wedi hen ddysgu derbyn chwyldroadau yn yr Ymerodraeth Brydeinig yn rhan o'r drefn feunyddiol. O Gymru, oddi wrth yr awdurdodau lleol ac oddi wrth eu swyddogion, y deuai'r gwrthwynebiad, yn gras, yn ddialgar, yn chwyrn.

Eithr rhag i'm gweniaith i'r Llywodraeth beri i neb amau fy mod i'n anelu at Dŷ'r Arglwyddi, a gaf i chwanegu pwynt arall? Nid oes obaith fyth fythoedd i Lywodraeth Whitehall fabwysiadu safbwynt Cymreig. Nid yw'n rhan o dasg y Weinyddiaeth Addysg orfodi'r Gymraeg ar ysgolion Cymru na hyd yn oed orfodi dysgu effeithiol ar y Gymraeg.

Cymell, cefnogi, calonogi – purion. Ond digio Cyngor Sir Gaerfyrddin? 'Choelia' i fawr. *De minimis non curat lex*. Nid estyn y Llywodraeth fys i achub lleiafrif sy mor boliticaidd aneffeithiol, mor druenus ddi-help, mor anabl i'w amddiffyn ei hun ag yw'r lleiafrif Cymraeg yng Nghymru.

Ystyriwch fater Cwm Tryweryn a Chapel Celyn. Pa achos a oedd i bobl Cymru wrthwynebu cynllun Corfforaeth Lerpwl i foddi'r dyffryn a'r pentre a throi'r fro yn gronfa ddŵr i ddiwydiannau'r ddinas? Mae'n wir fod yr elw economaidd i Gorfforaeth Lerpwl yn enfawr. Mae'n wir y gallasai cydweithrediad cynghorau sir gogledd Cymru fod wedi codi trefn well er budd i'w broydd chwarter canrif yn gynt. Arfer cynghorau sir Cymru yw gwrthod cydweithredu â'i gilydd heb eu gorfodi, a gwrthod hyd y gallant bob cais i newid eu cyfansoddiad a'u trefn. Nid hynny chwaith mo'r rheswm dros wrthod cynllun Lerpwl. Yr oedd y cynllun yn chwalu cymdeithas Gymraeg uniaith yn un o ardaloedd gwledig hanesyddol Meirion. Amddiffyn iaith, amddiffyn cymdeithas ydyw, amddiffyn cartrefi a theuluoedd. Heddiw ni all Cymru fforddio chwalu cartrefi'r iaith Gymraeg. Maen nhw'n brin ac yn eiddil. Bu cynadleddau o holl awdurdodau lleol Cymru dan lywyddiaeth Arglwydd Faer Caerdydd yn protestio yn erbyn mesur Lerpwl. Aeth y mesur drwy'r Senedd yn rhwydd. Y mae Lerpwl yn ddinas fawr boblog a'i dylanwad politicaidd yn aruthrol. Pa Lywodraeth a allai osod cymdeithas fechan wledig dlawd Gymreig yn y glorian yn erbyn buddiannau economaidd Corfforaeth Lerpwl? Nid plentynnaidd, eithr anonest, oedd beio'r Gweinidog dros Gymru am na rwystrodd ef y mesur. Ein mater ni, ein cyfrifoldeb ni, ni'n unig, oedd Tryweryn. Ond 'Nid Gwyddelod mohonom' meddai cylchgrawn y bobl oedd piau'r amddiffyn. A dybiwch chi na chraffwyd ar hynny yn swyddfeydd y Llywodraeth, a'i osod yno gyda'r slogan Cymraeg clasurol arall, *Bread before beauty*? Be' fu'r canlyniad? Y mae Cymru heddiw wedi ei rhwygo'n ddwy ar y Suliau, Cymru Gymraeg a Chymru Saesneg. Nid yw hynny ond praw fod y Llywodraeth wedi cymryd mesur eiddilwch Cymru Gymraeg ac nad rhaid mwy ymboeni amdani. Ac y mae Gwylfa a Menai ac Eryri yn awr i'w halogi i borthi trydan Lancashire.

Y mae rheswm arall pam nad rhaid i'r Llywodraeth ymboeni ynghylch Cymru Gymraeg. Gall hi adael hynny i'r awdurdodau lleol Cymreig a'r pleidiau politicaidd yng Nghymru. Rhai ymhlith yr aelodau seneddol Cymreig a wasgodd ar y Llywodraeth nad rhaid wrth Gymraeg hyd yn oed mewn swyddi yn ymwneud â diwylliant Cymreig yng Nghymru. Arwyddocaol dros ben yw ymosodiadau amryw awdurdodau lleol Cymreig yn neau Cymru ar yr Eisteddfod Genedlaethol. Gwrthodant gyfrannu tuag ati neu gyfrannu cil-dwrn tuag ati oblegid mai sefydliad Cymraeg yw hi. Hawliant droi diwrnod o'i phum niwrnod hi yn ddydd Saesneg cyn cyfrannu at ei chynnal hi'n anrhydeddus. Dyna'r math o wyrdroad enaid a meddwl sy'n wynfyd o broblem i'r seiciatrydd, ond y mae'r ysbryd ar gynnydd yn neau Cymru a gall frysio diwedd yr Eisteddfod. Nid sefydliad swyddogol na chyfreithiol na gweinyddol mohoni. Creadigaeth Cymru Gymraeg yw hi, yr unig sumbol sy'n aros o undod hanesyddol cenedl y Cymry, yr unig mythos Cymreig. Ond y mae amryw o arweinwyr y pleidiau politicaidd ac o arweinwyr awdurdodau lleol yng Nghymru a chanddynt wenwyn i'r Gymraeg. Ac y mae miloedd ar filoedd o weithwyr dur a glo a neilon a'r crefftau newydd o bob math na wyddan nhw ddim bellach hyd yn oed fod yr iaith.

Llawn mor fygythiol yw agwedd meddwl cynghorau sir ac awdurdodau lleol y parthau Cymraeg. Nid oes ganddynt ond un ateb i broblem nychdod y broydd gwledig, sef pwyso ar y Llywodraeth am ddwyn iddynt hwythau ffatrïoedd a diwydiannau o Loegr, a gwahodd corfforaethau dinasoedd megis Birmingham i sefydlu maestrefi ym Môn neu Feirion neu Sir Drefaldwyn. Mae'r Gweinidog Materion Cymreig yn gwneud a fedro gyda chymorth adrannau o'r Gwasanaeth Sifil i hybu'r polisi hwn; nid yn ofer chwaith. Ond dywedodd Arglwydd Brecon ei hun ei bod hi'n drueni na wnâi'r ardaloedd Cymraeg fwy i gychwyn diwydiannau eu hunain yn hytrach na galw byth a beunydd am gymorth o'r tu allan. Ni ddywedaf i ond hyn am y polisi yn awr: hoelen arall yw hi yn arch yr iaith Gymraeg. Nid rhaid ychwanegu fod holl duedd economaidd

Tynged yr Iaith | 61

Prydain Fawr gyda'r canoli fwyfwy ar ddiwydiannau yn gwthio'r Gymraeg fel clwt i gornel, yn barod i'w daflu ar y domen.

A ydy'r sefyllfa yn anobeithiol? Ydy, wrth gwrs, os bodlonwn ni i anobeithio. Does dim yn y byd yn fwy cysurus nag anobeithio. Wedyn gall dyn fynd ymlaen i fwynhau byw.

Y mae traddodiad politicaidd y canrifoedd, y mae holl dueddiadau economaidd y dwthwn hwn, yn erbyn parhad y Gymraeg. Ni all dim newid hynny ond penderfyniad, ewyllys, brwydro, aberth, ymdrech. A gaf i alw eich sylw chi at hanes Mr a Mrs Trefor Beasley. Glöwr yw Mr Beasley. Yn Ebrill 1952 prynodd ef a'i wraig fwthyn yn Llangennech gerllaw Llanelli, mewn ardal y mae naw o bob deg o'i phoblogaeth yn Gymry Cymraeg. Yn y cyngor gwledig y perthyn Llangennech iddo y mae'r cynghorwyr i gyd yn Gymry Cymraeg: felly hefyd swyddogion y cyngor. Gan hynny, pan ddaeth papur hawlio'r dreth leol atynt oddi wrth *The Rural District Council of Llanelly*, anfonodd Mrs Beasley i ofyn am ei gael yn Gymraeg. Gwrthodwyd. Gwrthododd hithau dalu'r dreth nes ei gael. Gwysiwyd hi a Mr Beasley dros ddwsin o weithiau gerbron llys yr ustusiaid. Mynnodd Mr a Mrs Beasley fod dwyn y llys ymlaen yn Gymraeg. Tair gwaith bu'r beilïod yn cludo dodrefn o'u tŷ nhw, a'r dodrefn yn werth llawer mwy na'r dreth a hawlid. Aeth hyn ymlaen am wyth mlynedd. Yn 1960 cafodd Mr a Mrs Beasley bapur dwyieithog yn hawlio'r dreth leol oddi wrth Gyngor Dosbarth Gwledig Llanelli, a Chymraeg y bil lawn cystal â'i Saesneg. Nid oes gennyf i hawl i ddweud beth a gostiodd hyn oll yn ariannol i Mr a Mrs Beasley. Bu cyfeillion yn lew iawn, gan gynnwys cyfreithwyr a bargyfreithwyr. Aeth eu helynt yn destun sylw gwlad, a'r papurau newydd a'r radio a'r teledu yn boen beunyddiol iddynt. Yr oedd yr achosion yn y llys yn ddiddorol a phwysig. Er enghraifft, ateb swyddog y dreth i Mr Wynne Samuel: 'Nid oes unrhyw rwymedigaeth ar y Cyngor i argraffu'r papurau sy'n hawlio'r dreth mewn unrhyw iaith ond Saesneg.'

Yng nghanol y rhyfel diwethaf, yn Hydref 1941, trwy ymdrech bwysicaf Undeb Cymru Fydd, cyflwynwyd deiseb i'r Senedd, deiseb y torrodd tua phedwar can mil o Gymry eu henwau wrthi, yn erfyn am ddeddf

> A wna'r Iaith Gymraeg yn unfraint â'r Iaith Saesneg ym mhob agwedd ar Weinyddiad y Gyfraith a'r Gwasanaethau Cyhoeddus yng Nghymru.

Ond wedi'r llafur mawr a'r hel enwau a chynadleddau aeth yr aelodau seneddol Cymreig i gyfrinachu â Mr Herbert Morrison, yr Ysgrifennydd Cartref ar y pryd. Y canlyniad fu'r *Welsh Courts Act*, 1942, deddf seneddol a ddiystyrodd holl fwriad y ddeiseb ac a adawodd y Saesneg o hyd yn unig iaith swyddogol y llysoedd cyfraith a'r gwasanaethau cyhoeddus oll. At hynny y cyfeiriodd swyddog y dreth yn Llanelli.

Fe ellir achub y Gymraeg. Y mae Cymru Gymraeg eto'n rhan go helaeth o ddaear Cymru ac nid yw'r lleiafrif eto'n gwbl ddibwys. Dengys esiampl Mr a Mrs Beasley sut y dylid mynd ati. Trwy wyth mlynedd ymdrech Mrs Beasley, un Cymro arall yn y dosbarth gwledig a ofynnodd am bapur y dreth yn Gymraeg. Peth na ellir ei wneud yn rhesymol ond yn unig yn y rhannau hynny y mae'r Cymry Cymraeg yn nifer sylweddol o'r boblogaeth yw hyn. Eler ati o ddifri a heb anwadalu i'w gwneud hi'n amhosibl dwyn ymlaen fusnes llywodraeth leol na busnes llywodraeth ganol heb y Gymraeg. Hawlier fod papur y dreth yn Gymraeg neu yn Gymraeg a Saesneg. Rhoi rhybudd i'r Postfeistr Cyffredinol na thelir trwyddedau blynyddol oddieithr eu cael yn Gymraeg. Mynnu fod pob gwŷs i lys yn Gymraeg. Nid polisi i unigolion, un yma, un acw ar siawns mo hyn. Byddai gofyn ei drefnu a symud o gam i gam gan roi rhybudd a rhoi amser i cyfnewidiadau. Polisi i fudiad yw ef a'r mudiad hwnnw yn yr ardaloedd y mae'r Gymraeg yn iaith lafar feunyddiol ynddynt. Hawlio fod pob papur etholiad a phob ffurflen swyddogol yn ymwneud ag etholiadau lleol neu seneddol yn Gymraeg. Codi'r Gymraeg yn brif fater gweinyddol y dosbarth a'r sir.

Efallai y dywedwch chi na ellid hynny fyth, na cheid fyth ddigon o Gymry i gytuno ac i drefnu'r peth yn ymgyrch o bwys a grym. Hwyrach eich bod yn iawn. Y cwbl a ddaliaf i yw mai dyna'r unig fater politicaidd y mae'n werth i Gymro ymboeni ag ef heddiw. Mi wn yr anawsterau. Byddai'n stormydd o bob cyfeiriad. Fe daerid fod y cyfryw ymgyrch yn lladd ein siawns i ddenu ffatrïoedd Seisnig i'r ardaloedd gwledig Cymraeg; a diau mai felly y byddai. Hawdd addo y byddai gwawd a dirmyg y sothach newyddiadurwyr Saesneg yn llaes feunyddiol. Byddai dig swyddogion yr awdurdodau lleol a llawer cyngor sir yn ail i'r bytheirio a fu yn Nosbarth Gwledig Llanelli. Byddai'r dirwyon yn y llysoedd yn drwm, ac o wrthod eu talu byddai'r canlyniadau'n gostus, er nad yn fwy costus nag ymladd etholiadau seneddol diamcan. Nid wyf yn gwadu na byddai cyfnod o gas ac erlid a chynnen yn hytrach na'r cariad heddychol sydd mor amlwg ym mywyd politicaidd Cymru heddiw. Nid dim llai na chwyldroad yw adfer yr iaith Gymraeg yng Nghymru. Trwy ddulliau chwyldro yn unig y mae llwyddo. Efallai y dygai'r iaith hunanlywodraeth yn ei sgil: wn i ddim. Mae'r iaith yn bwysicach na hunanlywodraeth. Yn fy marn i, pe ceid unrhyw fath o hunanlywodraeth i Gymru cyn arddel ac arfer yr iaith Gymraeg yn iaith swyddogol yn holl weinyddiad yr awdurdodau lleol a gwladol yn y rhanbarthau Cymraeg o'n gwlad, ni cheid mohoni'n iaith swyddogol o gwbl, a byddai tranc yr iaith yn gynt nag y bydd ei thranc hi dan Lywodraeth Loegr.

Saunders Lewis.

'Treiswyr sy'n ei chipio hi'

Dyma sgript sgwrs a recordiwyd rhwng Saunders Lewis a'r darlledwr Meirion Edwards ac a ddarlledwyd ar BBC Cymru ar 15 Hydref 1968 ar y rhaglen Drych. *Cyhoeddwyd yn* Barn, *rhifyn Rhagfyr 1968.*

M. E.: Mr Lewis, ym mharagraff cynta'r pamffled radio *Tynged yr Iaith* yn 1962 rydych chi'n cyfeirio at y 'rhai ohonon ni sy'n ystyried nad Cymru fydd Cymru heb y Gymraeg'. Y mae'r Iwerddon wedi llwyddo i gadw'i hunaniaeth ar waethaf colli'r iaith. Oni allai hyn ddigwydd yng Nghymru hefyd?

S. L.: Rwy'n amau a yw e wedi digwydd yn Iwerddon, wyddoch chi. Rwy'n cofio'r cyfarfodydd fu yn Llundain a'r gohebu rhwng Llundain a Llywodraeth Sinn Féin pan oedd y rhyfel yn tynnu at derfyn, ac rwy'n cofio fod holl lythyrau Cyngor De Valera at Lloyd George mewn Gwyddeleg, a chyfieithiad Saesneg gyda'r llythyrau. Ac fe roes Llywodraeth Iwerddon y pryd hynny fri mawr ar yr iaith fel prawf o wir genedl Wyddelig. A hyd yn oed heddiw y mae Gwyddeleg yn iaith swyddogol Iwerddon. Wel, mae'n sefyllfa wahanol iawn i Gymru. Yn Iwerddon mae 'na ynys. Mae'r môr rhyngon nhw a Phrydain. Ac yn ail mae crefydd Iwerddon yn rhan annatod o'i chenedlaetholdeb hi, ac yn ei gwahanu hi'n llwyr oddi wrth Loegr. Wel nawr, y mae'r pethau yna gyda'r Wyddeleg wedi creu cenedlaetholdeb fel syniad o arwahanrwydd Iwerddon. Am wn i nad oes gennym ni ddim yng Nghymru sydd yn ein datod ni'n hanesyddol ac yn gyfoes oddi wrth Loegr ond ein hiaith ni.

M. E.: Fe ddwetsoch chi hefyd yn 1962 fod yr iaith yn bwysicach na hunanlywodraeth. Ydych chi'n dal i lynu at y farn yma?

S. L.: Yn arw iawn.

M. E.: Pam?

S. L.: Yn dal mor bendant ag erioed. Am y rheswm yma. Peth drwg ydy pob llywodraeth. Pechod ydy achos llywodraeth. Petai dynion yn berffaith fydde dim llywodraeth. Ac felly cyfrwng ydy llywodraeth, peiriant ar y gorau. Dydy llywodraeth ddim yn creu dim, dim ond trefnu pethau.

Ond y pethau sy'n creu cenedl, rheini ydy'r pethau hanfodol. Does dim eisiau llywodraeth lle nad oes creadigaeth i'w chynnal. Yr angen am gynnal pethau da sydd wedi'u hetifeddu ydy *raison d'être* – y rheswm am fodolaeth unrhyw lywodraeth. Ac felly os ydych chi'n colli hanfodion y genedl, ac rwy'n cyfri'r iaith yn un o hanfodion y genedl, os ydych chi'n colli hynny, wela i ddim rheswm dros hunanlywodraeth.

M. E.: Ond rydych chi'n sôn hefyd am wneud yr iaith yn arf gwleidyddol, ac mi wela i fod yr iaith yn ddiwylliannol ac yn hanesyddol, efallai yn un o hanfodion y genedl. Ond tybed ydy iaith yn beth nad yw'n ddigon diriaethol i'w gwneud hi yn arf gwleidyddol? Wedi'r cyfan mae 'bread before beauty' yn slogan y gall pobl ymateb iddi yn hawdd iawn. Dydy cyrchu at faner yr iaith ddim yn beth hawdd i'w wneud i'r mwyafrif o bobl.

S. L.: Nag ydy. Ddim yn hawdd o gwbl. Rwy'n llwyr gytuno. Mae'n haws lawer iawn ennill poblogrwydd drwy wneud a chodi safon byw economaidd yn nod eich holl wleidyddiaeth chi. Mae'n llawer mwy poblogaidd. Ond, wyddoch chi, nid oblegid eich bod chi'n ceisio'r hyn sy'n boblogaidd rydych chi'n genedlaetholwr o gwbl. Wrth geisio hunanlywodraeth i Gymru, nid cynnig rhywbeth poblogaidd i Gymru ydych chi, ond cynnig rhywbeth i Gymru sy'n ddyletswydd ar Gymru. Mae ganddi etifeddiaeth o'r gorffennol, yr etifeddiaeth sy'n rhoi hunan-barch i bob aelod o'r genedl Gymreig. Fedr codi safon byw economaidd yn unig fyth wneud hynny. Edrychwch chi ar fywyd heddiw – yn Lloegr, yng Nghymru, mae'n debyg iawn fod safon byw y werin bobl yn uwch nag y bu erioed. Ond mae safon hunan-barch a moesoldeb a chwrteisi a chelfyddyd a'r pethau ysbrydol i gyd yn mynd lawr yn arw. Yn awr, os ydych chi'n mynd i ddweud wrth Gymru fod ganddi iaith sy'n hanfod ei chenedlaetholdeb hi, ac yn rhywbeth mae'n rhaid iddi hi frwydro i'w gadw a'i drosglwyddo i'r cenedlaethau sy'n mynd i ddwad, os ydych chi'n mynd i wneud hynny, rydych chi'n gofyn i Gymru wneud rhywbeth hollol ysbrydol. Fydd o ddim yn rhoi ceiniog ym mhoced neb, ac mae 'na ddegau o ddynion yn y Blaid Lafur a'r Blaid Ryddfrydol sy'n ceisio dychryn Cymry drwy ddweud ei fod yn gostwng eu safon byw nhw. Dydan nhw ddim yn deall bod yr apêl yna ei hunan yn gostwng hunan-barch pob Cymro.

M. E.: Mae'r apêl yma yn rhagdybio fod gan bobl ymwybod ysbrydol mewn gwirionedd o werth iaith. Ydych chi'n meddwl fod ansawdd ein bywyd cyfoes ni yng Nghymru y cyfryw i fagu'r ymwybod yma?

S. L.: Nac ydy. Mae'n brwydro yn ei erbyn o'n arw. Mae holl dueddiadau heddiw yn erbyn popeth ysbrydol. Popeth. Mae crefydd ar drai yn enbyd, nid yng Nghymru'n unig, ond ar drai yng Nghymru yn enbyd. Ac rwy'n cydnabod ar unwaith fod holl dueddiadau'r dydd yn erbyn popeth ysbrydol. Ond, wyddoch chi, mewn lleiafrifoedd y mae gobaith pob oes – mewn lleiafrifoedd, ac y mae 'na leiafrif ymysg pobl ifanc Cymru heddiw sydd yn rhoi gwerthoedd ysbrydol o flaen eu lles economaidd. Mae 'na aelodau o Gymdeithas yr Iaith Gymraeg yn bobl ifanc iawn sydd wedi bod mewn carchar, sydd wedi'u dirwyo, ac mae'r plismyn wedi bod yn eu tai nhw ac yn dwyn eu dodrefn nhw oblegid eu bod nhw'n gwrthod talu'r dirwyon. Pam? Yn unig er mwyn ennill parch gan Lywodraeth Loegr a chan yr awdurdodau yn y Gwasanaeth Sifil i'r iaith Gymraeg. Yn awr, mewn lleiafrif o ieuenctid a chanddyn nhw ddelfrydau ysbrydol fel yna y mae gobaith cenedl Cymru.

M. E.: Fyddech chi'n gosod y ddelfrydiaeth yna ac aberth y bobl yna yn uwch mewn pwysigrwydd na llwyddiant etholiadol, oherwydd mae'r galw, on'd ydy, am Senedd erbyn hyn yn dod gryfa o'r ardaloedd di-Gymraeg, lle mae'r iaith fel 'tai hi'n amherthnasol i awydd y bobl yma am hunanlywodraeth?

S. L.: Ydy. Rwy'n cydnabod hynny ar unwaith. Yn fy marn i y mae llawer o'r bleidlais a enillodd Plaid Cymru yn yr etholiadau yn y Rhondda ac yng Nghaerffili, llawer, fel y dywedodd gelynion y Blaid, yn bleidlais brotest yn erbyn y siom, y siom mawr a gawson nhw yn llywodraeth y Blaid Lafur. Rwy'n cydnabod hynny. Ac os ydych chi'n mynd i ddibynnu yn unig ar ddadrithiad o wleidyddiaeth sosialaidd y Blaid Lafur am lwyddiant Plaid Cymru, mae'n galed arnom ni, oblegid fe all y sefyllfa economaidd newid, ac fe all y Blaid Lafur ddod 'nôl yn boblogaidd. Ond y mae'r bobl ifanc rwy'n sôn amdanyn nhw yn rhoi pethau sy'n hanfodol i genedl – i genedl – ar flaen eu rhaglen. 'Dach chi'n gweld, hyd yn oed i Gymry nad oes ganddyn nhw ddim Cymraeg, yn yr ardaloedd diwydiannol yn y de 'ma, fe ellwch roi dadl yr iaith mewn dull y mae gobaith i chi fedru apelio atyn nhwythau. Oblegid dyma'r gwir amdani, hyd yn oed os nad oes gennych chi yr iaith, mae acen yr iaith ar yr iaith a orfodwyd arnoch chi, ar eich Saesneg chi. Rhywbeth wedi'i orfodi arnom ni'r Cymry ydy Saesneg, drwy'r gyfundrefn addysg, drwy ddeddfau, drwy'r holl Wasanaeth Sifil. O'r gorau, ond hyd yn oed pan ydan ni'n siarad y Saesneg yna, acenion yr iaith Gymraeg sydd ar dafod pob un ohonon ni. Nawr, o safbwynt Lloegr, o safbwynt Saeson Lloegr, o safbwynt y dosbarth diwylliadol yn Lloegr, mae hynny'n anfantais. Mae e'n golygu nad ydych chi'n cyfranogi yn y diwylliant Seisnig traddodiadol. Eitha gwir, ac oblegid hynny y mae 'na ddiffyg hunan-barch yn y Cymry sydd yn ceisio perthyn i'r dosbarth hwnnw. Os rhoir anrhydedd i'r iaith Gymraeg yn swyddogol yng Nghymru, yna mae pob dyn sydd ag acen yr iaith honno ganddo, dim ond ei hacen hi, yn fwy ei hunan-barch.

Mae o'n perthyn i bobl nad ydyn nhw'n siarad Saesneg
Seisnig, ond yn hytrach yn siarad iaith fenthyg sy'n
ddefnyddiol. Ac y maen nhwythau eu hunain yn
cyfranogi yn nhraddodiad iaith a chanddi fil a hanner
o flynyddoedd o draddodiad.

M. E.: Ydych chi'n meddwl bod cymoedd diwydiannol
y de yn ddigon agos at eu hanes nhw eu hunan, at eu
Cymreigrwydd nhw eu hunain i ni fedru adfer y sefyllfa
o safbwynt yr iaith yn y cymoedd yma?

S. L.: Does gen i ddim syniad, dwi ddim yn gwybod
a fedrwn ni neu beidio. Mae'r dyfodol yn rhywbeth na
allwch chi ei broffwydo, faswn i ddim yn breuddwydio am
wneud. Ond fe ellwch drio. Fe ellwch geisio, fe ellwch roi'r
peth o ddifri yn eich addysg chi. Mae Adroddiad Gittins
yn awgrymu dulliau o wneud hynny. Nid yn unig hynny,
ond fe ellid rhoi hanes Cymru yn rhan hanfodol o'r addysg
yna. A does dim digon o hynny o lawer yn cael ei wneud.
Ac wedyn fe fyddwch chi'n creu y syniad o undod yr holl
genedl, y Cymry Cymraeg a'r Cymry di-Gymraeg.

M. E.: Ond rhaid i chwyldro gael ei dulliau ymarferol,
gwleidyddol, weithiau ddulliau trais. Fyddech chi'n
cymeradwyo y math yma o weithredu?

S. L.: A! Dulliau trais. Yr hyn ddywedwn i ar hynny ydy
hyn: mae'n rhaid bod yn ofalus. Rydan ni'n byw mewn

Tynged yr Iaith | 73

cyfnod y mae llawer iawn o dreisio anghyfrifol, llawer iawn o ymosod gyda chyllyll a gyda gynnau, yn gwbl anghyfrifol gan ieuenctid yn y trefi diwydiannol yma. Mae'r math yna o drais, a'r math o drais a gewch chi yn yr ymosodiadau ar y banciau ac ar foduron a cheir – rhaid i chi beidio cymysgu y math yna o ddefnyddio trais anghyfreithlon a sôn am drais fel offeryn politicaidd. Rydw i'n credu'n bersonol fod trais gofalus, ystyriol, cyhoeddus, yn arf angenrheidiol yn aml i fudiadau cenedlaethol. Yn angenrheidiol i amddiffyn tir, i amddiffyn dyffrynnoedd Cymru rhag eu treisio'n gwbl anghyfreithlon gan lywodraeth, a chan gorfforaethau mawrion yn Lloegr. Rydw i'n meddwl, er enghraifft, fod Tryweryn, Clywedog, Cwm Dulas yn awr, yn ymosodiadau nad oes dim cyfreithloni arnyn nhw yn foesol o gwbl. Dydy'r ffaith eu bod nhw wedi'u penderfynu gan Senedd Loegr ddim yn rhoi dim hawl moesol iddyn nhw. Ac felly, rydw i'n credu bod unrhyw ddull sydd yn rhwystro y treisio anghyfrifol yna gan gorfforaethau yn Lloegr ar ddaear Cymru, yn gwbl gyfiawn. Unrhyw ddull gan gynnwys tywallt gwaed? Ond iddo fod yn waed Cymreig ac nid yn waed Seisnig, 'sdim ots gen i.

M. E.: Mae traddodiad heddychol yng Nghymru, fel petai o yn milwrio yn erbyn gweithredu yn y dull rydych chi'n ei gymeradwyo. Ydych chi'n meddwl bod traddodiad heddychol wedi bod yn llestair gwleidyddol i ni yng Nghymru?

S. L.: 'Drychwch. Edrychwch chi ar hanes. Ymerodraeth Loegr sydd wedi toddi yn ystod yr hanner canrif diwetha yma yn gyfundrefn o genhedloedd Prydeinig. Erbyn heddiw y mae arlywydd, neu brif weinidog neu bennaeth ar bob un o'r gwledydd sydd yn perthyn i'r cyfundrefn yna o genhedloedd Prydeining, yr arlywydd neu'r prif weinidog, yn eistedd gyda'r Frenhines a chyda Phrif Weinidog Lloegr, mewn cynadleddau, ac y mae pob un ohonyn nhw wedi bod yng ngharcharau Lloegr; pob un. Wedi'u condemnio i flynyddoedd o garchar, am drais. Pob un. A heddiw mae Lloegr a'i Llywodraeth a'r holl Wasanaeth Sifil ucha yn ymgreinio o'u blaen nhw, ac yn rhoi iddyn nhw bob bri a pharch. Ydych chi'n gweld? Iaith y mae Llywodraeth Loegr yn ei ddeall ydy trais. Dydy hi'n deall dim iaith arall, dydy hi'n deall dim apêl foesol, dydy hi'n deall dim apêl at reswm, at gyfiawnder, at hawliau dyn, ond mae hi'n cynddeiriogi, yn carcharu, yn dial, ac wedyn yn parchu ac yn ysgwyd llaw â threiswyr. Treiswyr sydd yn ei chipio hi. Mae Llywodraeth Loegr yn deall iaith trais. Dydy hi'n deall dim iaith arall mewn gwleidyddiaeth. Ac mi ddwedwn i fod unrhyw fudiad cenedlaethol sydd yn dweud nad ydy trais i'w gydnabod am eiliad yn bosibilrwydd i'r mudiad hwnnw, bod y mudiad yna'n cyhoeddi i Lywodraeth Loegr – 'Dydyn ni ddim o ddifri, gwnewch fel y mynnoch chi â ni. Rydyn ni'n siarad ond dydyn ni ddim o ddifri.'

Tynged yr Iaith

M. E.: Sut yn ymarferol, oes gynnoch chi argymhellion ymarferol ynglŷn, dyweder, ag amddiffyn Cwm Dulas, a chymoedd Cymru, os bydd perygl iddyn nhw yn y dyfodol? Rydych chi wedi sôn yn gyffredinol am ddulliau trais. Pa amodau sy'n rhaid i'w cael i'w defnyddio nhw?

S. L.: Wel, 'drychwch. Mae'n anodd gen i sôn am bethau na fedra i gymryd rhan ynddyn nhw. Rwy'n rhy hen bellach i fynd yn ôl i Wormwood Scrubs. Ac felly, mae'n rhaid i mi fod yn ofalus. Ond rown i'n darllen yn y *Western Mail* ddeuddydd yn ôl fod ffermwyr Cwm Dulas mor bybyr eu gwrthwynebiad i'r cais sydd ar ei wneud i droi Cwm Dulas yn gronfa ddŵr, maen nhw mor bybyr yn erbyn hynny ag erioed. Ond maen nhw wedi penderfynu, yn ôl eu hysgrifennydd nhw, i ganiatáu i'r mesurwyr tir a'r archwilwyr ddod i'r caeau a dechrau ar eu hymchwiliadau a'u mesuriadau a mynd ymlaen. Wel, does dim ond un casgliad i ddod ato, maen nhw'n dechrau rhoi ffordd. Dyna ydy ystyr hynny. Os ydy'r mesurwyr tir yn dod yno a'r archwilwyr yn dod yno ac yn dechrau gwneud eu hamcangyfrifon a'u mesuriadau, yna mae'r diwedd yn eglur. Yn Sir Gaerfyrddin rhyw ddwy flynedd neu dair yn ôl, fe fu Corfforaeth Abertawe yn golygu yr un fath o beth yno, a dyma'r ffermwyr yno am unwaith, yn Gymry Cymraeg, cofiwch chi, peth hollol eithriadol, dyma nhw'n mynd i'w caeau yn rhengoedd ac yn mynd at y llidiardiau a'r gatiau, ac yn rhwystro gyda'u cyrff i neb agor gat neu ddod i mewn i gae. Dyna y dylid ei wneud yng Nghwm Dulas. Fe ddylai'r ffermwyr wneud hynny, ac fe ddylai pob un o'r bobl ifanc sydd mor selog ym Mhlaid Cymru fynd yno hefyd i ofalu nad oes dim un archwiliwr na mesurwr tir yn dod ar un o'r caeau.

M. E.: Rwy'n cofio R. S. Thomas yn dweud yn gymharol ddiweddar bod Gwyddel pan mae e'n meddwl am ei wlad yn meddwl am dir ei wlad. Bod Cymro pan fydd e'n meddwl am ei wlad yn meddwl am bobl ei wlad. Hynny yw, bod ansawdd cenedlaetholdeb Iwerddon a Chymru yn gwbl wahanol. Ydych chi'n meddwl ein bod ni fel hyn, a bod hyn yn wendid yn ein cenedlaetholdeb ni? Fyddech chi'n derbyn hyn?

S. L.: Y gwendid yn ein cenedlaetholdeb ni ydy nad yw e ddim yn bod ddigon. Mewn lleiafrif bychan iawn mae'n bod yng Nghymru – dyma'n gwendid ni. Yn Iwerddon y mae'r syniad o Iwerddon yn genedl yn rhywbeth sydd wedi'i selio mewn gwaed mewn canrif ar ôl canrif ar ôl canrif, hyd at yr ugeinfed ganrif. Yng Nghymru, am resymau hanesyddol ein bod ni wedi colli'n pendefigaeth a'n harweinwyr, does gennym ni ddim arweinwyr. Oblegid hynny yr ydym ni wedi cilio'n llwyr allan o fywyd cymdeithasol, politicaidd ac wedi canolbwyntio ein holl waith cymdeithasol ar fywyd crefydd. Mae'n bywyd crefyddol ni heddiw yn dirywio, mae'r gymdeithas grefyddol yn chwalu, a does gennym ni ddim o'r ymdeimlad byw o fod yn genedl sydd gan Iwerddon.

M. E.: Mae'n rhaid felly selio cenedlaetholdeb, iddo fo olygu unrhyw beth mewn gwirionedd, mewn gwaed?

S. L.: Na raid, ddim mewn gwaed. Dwi ddim yn dweud hynny. Dwi ddim yn dweud hynny, byddai'n dda pe gellid osgoi hynny, ond rhaid ei selio ar argyhoeddiad fod gennych chi bethau mae'n werth colli bywyd drostyn nhw, a'u bod nhw'n werth aberthu llawer er eu mwyn nhw.

M. E.: Ga' i ofyn i chi fel gŵr sydd yn dehongli bywyd cyfoes Cymru o safbwynt hanes yn mynd 'nôl dros y canrifoedd sut fyddech chi'n dehongli digwyddiadau'r chwe mlynedd oddi ar, dyweder, y Ddarlith Radio yn 1962. Mae gennym ni Aelod Seneddol Plaid Cymru, mae gennym ni Swyddfa Gymreig, mae gennym ni weithrediadau eitha llwyddiannus Cymdeithas yr Iaith. Pa mor bwysig ydy'r rhain ym mhatrwm hanes Cymru?

S. L.: Pwysig iawn. Yn ddiamau, pwysig iawn, a gwerthfawr iawn. Mae'n dda iawn gennyf amdanyn nhw. Mae'n dda iawn gen i am lwyddiant Mr Gwynfor Evans, yn arbennig dda gen i. Ond cofiwch, pethau bychan ydyn nhw hyd yn hyn. Pethau bychan yn symud i'r cyfeiriad iawn, ond dydy'r deffroad cyfrifol Cymreig ddim wedi cychwyn eto.

M. E.: Pa mor obeithiol ydych chi, faint o besimist ydych chi, faint o olau dydd ydych chi'n ei weld?

S. L.: Wyddoch chi, does gen i ddim i'w ddweud am y dyfodol, dwi ddim yn gwybod, mae pethau'n newid, un ffordd neu ffordd arall, heb i chi wybod. Fedrwch chi ddim dweud. Y cwbl fedrwch chi ddweud ydy am y sefyllfa fel y mae hi heddiw. Fe ellwch ymosod ar y pethau rydych chi'n eu gweld – yn eu gweld yn dlawd, yn salw – fe ellwch chi ymosod ar y rheini. Fe ellwch glodfori'r pethau rydych chi'n eu gweld yn dda a cheisio'u hybu nhw. Ond dydw i ddim yn meddwl y dylai neb ymuno mewn unrhyw fudiad, mudiad i achub y genedl ei hun hyd yn oed, yn unig yn y gobaith y bydd – yn y sicrwydd y bydd e'n llwyddiannus. Mi fuaswn i'n aros yn genedlaetholwr Cymreig petawn i'n sicr mewn deng mlynedd y byddai hi ar ben ar Gymru. Fydde hynny ddim gwahaniaeth i'm safbwynt i. Y cwbl ddwedwn i ydy bod y byd yn dlotach a Chymru'n dlotach. Dydy'r ffaith fod drwg yn llwyddo ddim yn profi fod y drwg yn dda. Gawn ni orffen ar hynny?

◉◉◉

Traddododd Saunders Lewis ei ddarlith radio
Tynged yr Iaith
ar 13 Chwefror 1962.
Newidiodd tirlun gwleidyddol Cymru am byth.

◉⊙◎

Mae *Tynged yr Iaith* yn
dal i asteinio hyd heddiw.

Dyluniad y gyfrol a'r clawr
Olwen Fowler

£7.99

www.gomer.co.uk

ISBN 978-1-84851-479-9